広島大学公開講座

道 州 制
世界に学ぶ国のかたち

川﨑信文
森邊成一
編著

成文堂

はしがき

　本書は，平成21年度に広島大学法学部（主に大学院社会科学研究科法政システム専攻所属教員）が実施した公開講座『道州制：世界に学ぶ国のかたち』を基に編まれ，成文堂の協力を得て，公刊するものである。

　平成21年度に，われわれが「道州制」というテーマを取り上げたのは，もとより，道州制導入に向けての気運が，政府内外で高まってきたからだ。平成18年2月政府の第28次地方制度調査会「道州制のあり方に関する答申」があって以降，平成20年3月には内閣府「道州制ビジョン懇談会」の「地域主権型道州制」や，同年7月の自民党道州制推進本部第三次中間報告「かぎりなく連邦制に近い道州制」等の構想，11月には日本経済団体連合会「道州制の導入に向けた第二次提言」が，あいついで発表された。また，地方でも平成20年7月の関西経済連合会の「関西広域連合の成長発展モデル」，10月には九州経済連合会の「道州制の九州モデル答申」などの諸構想が発表され，それらは全体として道州制実現へと世論を方向づけてきたのである。

　しかしながら，平成21年8月に行なわれた第45回衆議院議員総選挙の結果，道州制推進を掲げてきた与党自民党は大敗し，民主党鳩山政権が誕生して，道州制導入の先行きは，急速に不透明になりつつある。民主党の掲げる「地域主権の確立」が，中央地方の協議機関の設置以上に，今のところ何も具体化されてこないからだ。「政権交代」は，急ピッチで進むかに見えた道州制の導入——日本経団

連は平成21年に「道州制推進基本法」制定を，ビジョン懇は平成22年に法案の国会提出を提言——に水を差したが，このことは，本書にとっては，幸運なこととであったと言えなくはない。何故なら，わが国への道州制の導入にあたって，もう一度，世界の国々や地域の，連邦制や地方自治に学びながら，「この国のかたち」を考えてみる，その「いとま」を与えてくれたからである。

以下，本書では，先ず第一章「総論：道州制とは何か」において，一般的に英語ではリージョナリズムと呼称される，国と市町村（基礎自治体）の間にある「中間団体」が，近代国家の統治システムの中でどのような意味を持ち，今日，何故にリージョナリズムの理念と運動が世界的に広がりを見せつつあるのか説明する。

続く，第二章「連邦制の諸問題」では，連邦制をめぐるドイツの歴史的経験が取り上げられ，第三章「中央集権国家における道州制（レジオナリズム）」では，フランスにおける「州」制度の導入が検討され，第四章「複合国家イギリスの成り立ち」では，アメリカのような連邦制でもなく，日本のような中央集権国家でもない連合王国の歴史的な成り立ちを説明する。

ヨーロッパから目を転じて，第五章「米国の連邦制・地方自治制」が，連邦制といえば先ず誰もが思い浮かべる米国の「連邦制」と「地方自治」について，法制度の側面から概説し，米国との比較において日本の道州制案が批判的に検討される。

そして，第六章「行政州から自治州へ」は，「世界最大の民主主義」インドにおける連邦制・州制度改革を紹介し，第七章「台湾」は，台湾における近年の地方自治改革・市町村合併を紹介するとともに，大陸中国との関係における「一国両制」にも言及している。この二章はアジアの国と地域を取り上げ，類書に例を見ない本書の

ユニークな部分である。

　続く第八章「道州制論の系譜」は，わが国の昭和期における様々な「道州制」の提案を歴史的に回顧・検討し，そこから教訓を引き出そうとする。第九章「地方分権と道州制の政治経済学」は，経済学の基本概念に依拠しながら，現代の地方分権と道州制にかかわる主要論点を整理・検討している。そして，最後の第一〇章「第二期地方分権と道州制」は，「中国州」の実現を目指す広島県の取り組みを，具体的に紹介するとともに，道州制実現の必要性を説明するものとなっている。

　本書が，欧・米・アジアの国々と日本での経験や取り組みに学びながら，これからの日本の道州制について考える，その一助となれば幸いである。

　最後に，公務ご多忙の中，公開講座での講演とともに本書へも寄稿して下さった，広島県企画振興局分権改革課の平川佳実さんに，特に記して感謝を捧げたい。さらに，道州制をテーマとして，広島県と広島大学大学院社会科学研究科との共同研究プロジェクトが続いてきたことについても記して感謝の意を表したいと思う。

　平成21年度の公開講座の実施にあたっては，後援をいただいた広島県教育委員会と広島市教育委員会に御礼申し上げ，公開講座実施の事務を担当いただいた社会科学研究科学生支援室の事務職員の皆様の労をねぎらわせていただきたいと思う。

　また，本書の刊行にあたっては，成文堂編集部の相馬隆夫氏にたいへんお世話になることができた。心から感謝を申し述べたい。なお，本書を含む成文堂刊行の「広島大学公開講座」シリーズは，高橋弘ほか編著『現代民事法改革の動向』2001年に始まり，本書で六冊目となった。また，広島大学法学部からは，今回の刊行にも特段

の援助を賜わることができた。このことにも記して感謝を捧げる次第である。

2010年4月

編者　川﨑信文
　　　森邊成一

目　　次

はしがき ………………………………………………………………ⅰ

第1章　総論：道州制とは何か ………………川﨑　信文…1

　1　はじめに ……………………………………………………1
　2　近代国家における「中間団体」 …………………………3
　3　リージョナリズムの背景 …………………………………7
　4　制度構想上の争点 …………………………………………13
　5　道州制批判 …………………………………………………22
　6　おわりに ……………………………………………………27

第2章　連邦制の諸問題
　　　　──ドイツの歴史的経験から …………牧野　雅彦…31

　1　はじめに ……………………………………………………31
　2　ドイツ統一と連邦制──国法学の連邦制理解 …………32
　3　ワイマール共和制と連邦制 ………………………………38
　4　展望　ナチス支配から第二次大戦後の連邦 ……………47

第3章　中央集権国家における道州制（レジオナリスム）
　　　　──フランスの場合… ……………………川﨑　信文…51

　1　はじめに ……………………………………………………51
　2　フランスの地方自治制度 …………………………………53
　3　フランスの州制度の歴史的・社会経済的背景 …………56
　4　現行の「州（région）」制度の特徴 ……………………64

第4章 複合国家イギリスの成り立ち ………山田 園子…85

1 はじめに …………………………………………………85
2 複合国家にかんするクイズ …………………………86
3 用語の解説―複合国家 イギリス ブリテン― ………87
4 ブリテン形成史 …………………………………88
5 イメージ上のブリテン ………………………92
6 おわりに ………………………………………97

第5章 合衆国の連邦制・地方自治制
―― 日本の道州制構想との対比 ……佐伯 祐二…107

1 はじめに …………………………………………107
2 United States, States, and Local Governments：
  日本の国，道州，地方公共団体との比較 …………108
3 現在の道州制構想への評価 …………………114

第6章 行政州から自治州へ
―― 南アジア多民族国家の連邦制 ……吉田 修…119

1 はじめに …………………………………………119
2 インドにおける連邦制の発展と実質化 …………121
3 連邦制と民主主義 ………………………………136
4 おわりに 連邦制に向かう南アジア ……………138

第7章 台湾：台湾版「平成の大合併」と「一国両制」をめぐって ………… 前田　直樹…143

1　本章の目的 …………………………………………………143
2　台湾版「平成の大合併」に向けて ………………………143
3　香港での「一国両制」と台湾の住民自治とをめぐって …155
4　おわりに ……………………………………………………160

第8章 道州制論の系譜——昭和戦前・戦後の構想
………………………………………………… 森邊　成一…163

1　はじめに ……………………………………………………163
2　昭和戦前（政党政治期）：分権化と官治的集権
　　体制の再編成としての道州制 ……………………………164
3　昭和戦前（戦時体制期）：分権なき集権化
　　としての道州制 ……………………………………………170
4　戦後昭和期：府県制の民主化と再集権化
　　としての道州制 ……………………………………………174
5　むすびにかえて ……………………………………………186

第9章 地方分権と道州制の経済学 ………… 伊藤　敏安…197

1　地方分権の意義と留意事項 ………………………………197
2　地方分権の失敗 ……………………………………………201
3　中央政府・地方政府の役割分担 …………………………206
4　道州制論議の不都合 ………………………………………211
5　おわりに ……………………………………………………216

第10章　第二期地方分権改革と道州制——広島県が目指す
　　　　分権型社会の実現に向けて　…………平川　佳実…221

　1　分権改革の必要性 …………………………………………221
　2　広島県の取組 ………………………………………………223
　3　おわりに ……………………………………………………244

第1章　総論：道州制とは何か

川﨑信文

1　はじめに

　道州制の意味内容はなお曖昧であり，確定していない。そのため様々な視点から，その類型区分と評価が行われている（西尾 2007；152-157）。しかし，ここではさしあたり，第28次地方制度調査会（以下，地制調と略記）答申にならって以下のように捉えておこう。すなわち，現行の47都道府県を「道」ないし「州」と呼ばれる9～13の新しい地理的単位に再編成し，その区域を基盤として都道府県に代わる新しい自治体を創設する制度構想である。その際，現行の自治体である都道府県は廃止される。[1]

　では今，なぜこの時代に道州制が提唱されようとするのか。この問いに対して，第28次地制調において専門小委員会委員長を務めた松本英昭は，以下の3点を挙げている。すなわち，「地方分権の推進及び地方自治の充実強化と中央政府の役割の重点化・純化」，「自立（律）的で活力ある圏域の形成の実現」および「国と地方を通じた効率的な政治・行政システムの構築」である。より簡潔に表現すれば，地方分権の徹底，国土の均衡ある発展そして行財政運営の効

率化ということになる。(松本 2006b；(三) 4 -12)

　日本ではこの構想の始原は，ひとまずその政治・法的性格を問わなければ，昭和初期にさかのぼることができる（本書第8章参照）。このテーマにおいて先進国における代表的事例であり，1982年に制度化を基本的に了えたフランスのレジオナリスム (régionalisme) の思想と運動の場合は，その起源を19世紀後半に求められている（佐藤 2006；16-17）。

　道州制論は時として，都道府県レベルでの市町村合併，すなわち府県合併に例えられ，あるいは混同されることもある。しかし，今日においては，両者の決定的な違いは，道州制が単に府県の合体にとどまらず，全国に展開している国の地方出先機関の権限，財源および職員をも道・州に包摂しようとするところにある。それが具体化すれば，国と市町村・道州という二層の自治体の間で権限の大幅な再配分を随伴し，いわば「くにのかたち」の根底的な変容を生じさせることになり，それだけに現在の府省の側からの強い抵抗に遭遇せざるをえない。

　内閣府設置の「地方分権改革推進委員会」は，2008年度後半から各省が全国に配置している出先機関の再編に関する審議に取り組んできたが，その過程で強硬な抵抗に遭遇してきたことは新聞報道などで広く国民の知ることとなった。この委員会での審議も民主党政権下での「地域主権改革」も，ともに必ずしも道州制の実現をその直接の目的としているわけではないが，いわばその前哨戦と位置づけることもできる。

　本章は，以後の各章の総論としてこのテーマを鳥瞰することを目的とする。そこで，まず近代国家の国内空間における統治システムにおける中間団体の意味，ついで一般的に英語でリージョナリズム

と呼称されるこの理念・構想・制度の背景，制度構想における争点，最後にこの構想に対する消極的・批判的な論議について，順次取り上げてみたい。

2　近代国家における「中間団体」

2.1　単一国家と連邦制国家

現代国家は，その国内統治の基本的な仕組みにという観点からすれば，大きく「単一国家」と「連邦制国家」に二分される。日本と西欧諸国に限定すれば，前者の代表例はイギリス，フランスそして日本であり，後者のそれはアメリカやドイツである。西欧諸国という限定を外せば，本書で取り上げられるインド（本書第6章参照）を初めてとして，アジア，アフリカの途上国でも多くの連邦制国家がある（岩崎 1998）。

日本でも連邦制を唱える論者はいるし，道・州の自治権を極大化すれば，実際の運用の上では連邦制に限りなく接近してくる。道州制成立後には当然「州立大学」となる都府県設置の大学とともに，全ての旧・国立大学（国立大学法人）の設置・維持管理を道・州が担当すれば，ドイツやアメリカの高等教育行政に接近してくる。第28次地制調答申にあるような国の権限の道・州移管がことごとく実現すれば，一種の連邦制と呼んでもよい行政運営となろう。

表1　西欧諸国の「国制」

	単一国家	連邦制国家
アングロサクソン型	イギリス	アメリカ
大陸ヨーロッパ型	フランス・日本	ドイツ

表2　西欧諸国の地方政府の構造

国	自治体の層の数	基礎自治体の数	1基礎的自治体あたりの平均人口
フランス	3	36,680	1,491
ギリシャ	2	5,878	1,803
ポルトガル	2	4,526	2,342
スイス	3	3,021	2,352
オランダ	2	584	2,723
スペイン	3	8,149	4,997
イタリア	3	8,215	7,182
ドイツ	3	16,514	7,900
ノルウェー	2	458	9,000
ベルギー	5	601	11,000
フィンランド	2	455	11,206
デンマーク	2	289	18,000
スウェーデン	2	333	33,000
アイルランド	1又は2	114	36,100
英国	1又は2	472	137,000

出典：天川晃・稲継裕昭 2009；207

　ただし，以下の行論では，「道州制」をテーマとする本書（公開講座）の目的もあって，主としてリージョナリズムが政治的な争点となる単一国家を念頭に議論を進める。アメリカ（本書第5章参照），ドイツ（本書第2章参照），インドの連邦制（本書第6章参照）や台湾に関わる一国両制問題（本書第7章参照）は，一方で連邦内の州が単一国家における国に相当すると考えるべき行政領域が多いこと，また他方で連邦制国家の歴史と制度が，道州制を考える視点

を多様かつ豊かにする実例を示してくれものと受けとめていただきたい。

2.2 中間団体と知事制度

単一制をとる近代国家（unitary state）は，国と基礎自治体の中間にその統治目的のための区域を画定し，統治機構を設置した。これを行政学や公法学では，相対的に狭域である基礎自治体に対比して，広域団体（広域自治体）ないし中間団体（中間自治体）と呼んでいる。(4) この団体は中央政府の総合的出先機関という性格を色濃く帯びていたが，やがて当該区域内の住民から徴税を行うために，その同意機関として議会を設置せざるを得なくなった。基礎自治体は，概ね前近代から存在する都市や村落共同体を母体としていたが，近代国家は同時に，基礎自治体の運営を監督し，またそのレベルでは担いえない「広域的」な事務・事業を担当するための組織・団体を必要としたからである。

この団体は，その自治の度合い，すなわち中央政府との法的・行財政的・政治的関係および権限の範囲と内容において，また住民の参加の程度において国ごとに性格を異にしている。中央政府のミニ版として，国家機関的性格の強い中間団体を設置した大陸ヨーロッパ諸国と，下からの自治制度をくみあげてきたイギリスでは，その性格は対照的である。

日本が明治地方制度の創設に際して，府県制度についてモデルとしたフランスにおいては，議会の選挙方法と任期についての規定は1871年におかれたものの，執行権は長らく内務官僚たる知事（官選知事）に委ねられていた。それでも，日本では第二次大戦後に，フランスでは1982年に地方分権化というスローガンのもと，この官選

知事は日本では公選知事に，フランスでは県会議長にそれぞれ執行権を譲り渡し，今日に至っている。⁽⁵⁾

2.3　中間団体と「広域性」

　道州制あるいはリージョナリズムとは，近代国家初期に設定されたこの中間団体が現代の行政需要の広域化に対応できないと判断され，その見直しと再編成をねらった構想であり，また制度であると言ってよい。しかし，広域といい「狭域」といい，いずれも時代の社会・経済的な条件，とりわけ交通・通信手段の発達に左右される相対的な表現である。日本のように，基礎自治体たる市町村レベルで合併が大規模に進行して広域化すれば，既存の広域団体としての県がそのかぎりで相対的に狭いと認識されることになる。⁽⁶⁾

　もっとも，「広域性」といってもその内容は一様ではない。磯崎によれば，現在の府県の事務に即して「広域性」には基本的に4つのタイプがあり，それぞれの事務の処理方針の策定と実施体制は自ら異なってくる（磯崎 2010；53-55）。従ってまた，広域的行政需要に対処する方法は，一義的により広域の新たな区域の画定とそれを管轄区域とする自治体の新設に限定されないし，この広域自治体が新設される際，旧来のそれを廃止するか，あるいは事務事業の再配分を経て存置するかの違いも現われてくる。

　このように創設された新しい広域自治体は，一方で国からの権限委譲という意味での地方分権の十分な「受け皿」となるとともに，自立（自律）的な経済単位を形成することが期待される。他方で，今日の道州制論では，この中間自治体の事務機構の集約・再編成による行政コストの削減効果も狙いの一つとされる。「効率的な政治・行政システム」とは，この点に関わる。国の出先機関と都道府

県庁の間の事務・事業の重複や都道府県間の施設整備の競合を緩和・解消すれば，事業費のみならず間接経費も節約できるという目論見である。

3 リージョナリズムの背景

先述した第28次地制調答申は，現行の都道府県制度がその存在を問われるようになった要因として，次の3点を指摘している。まず第1に市町村合併の進展，第2に都道府県の区域を越える広域行政課題の増大，そして第3に地方分権の確かな担い手の整備の必要性である（松本 2006a；48-49）。

しかしこうした要因のうち，どの時代においても社会・経済的活動が進展すれば現れてくる第2の広域行政課題の増大を除けば，残りの2点は21世紀初頭の特殊日本的な状況を反映したものである。従って，日本に限定されないリージョナリズムの理念および制度構想の背景をより広くとらえるために，さしあたり以下の4つの要因，すなわち軍事的，社会・経済的，歴史的・民族的，および国際的要因をとらえておく必要があろう。

3.1 軍事的要因

まず，今日ではその意義を低下させているが，その地理的枠組みを先駆的に形成した軍事的要因からみてみよう。平時の軍団の編成においても，また戦時に想定される国内戦での戦略的な作戦地域の線引きにおいても，日常的な民生行政のための自治・行政区域は，航空機や車両を駆使する現代の戦闘行動を前提とすれば，やはり狭い。実際，第二次大戦後のフランスにおいて1948年に創設された

「特命行政監察総監（IGAME）」は，今日の州制度の原型の一つであったと見なされている。

この IGAME は，ヨーロッパ全域におよぶ冷戦が激化するに伴い，国内冷戦が熱戦（内戦）に転化することを想定し，それぞれ10県前後に及ぶ管轄区域をもつ9つの軍管区に置かれ，軍管区本部所在地の県知事が兼務することとなった。しかし同時にまた，この出自と第二次大戦中に対独協力方針を採ったヴィシー政権下の地域知事を理由として，1950年代以降の州の制度化の試みに際しては，県の区域を越える公式制度の設置に対する左派の側からの批判論を生み出すことになった（Mény 1974；352-354）。

また「本土決戦」に備えた第二次世界大戦末期の日本においては，それまでの地方行政協議会にかわって，1945年6月，北海（総監府所在都市は札幌；以下同様），東北（仙台），関東信越（東京），東海北陸（名古屋），近畿（大阪），中国（広島），四国（高松）及び九州（福岡）を管轄区域とする8つの地方総監府が設置された。これは，北部，東北，東部，東海，中部，中国，四国及び西部という同年2月に再編されていた8つの軍管区に地理的に対応したものであり，陸軍軍管区司令部および海軍鎮守府の作戦と行政の調整を意図していた。すなわち，「戦局非常の事態に対応し，陸海軍と緊密な連携のもとに，地方における各般の行政の統括に関して各地方官庁の行政の総合的見地よりする統一的強力な推進」を図るとされた（佐藤 2006；80-81，百瀬 1990；115-116）。

これに，この時期に成立した国内9電力会社体制（1939年）を加えてもよいであろう。1940年の電力トラスト日本発送電の誕生を受けて，1942年には北海道，東北，関東，中部，北陸，関西，中国，四国および九州という9配電会社への配電統制が実現した（有沢

1994；233-237)。これらの配電会社は、戦後に設立された沖縄電力を除いて今日の各電力会社の前身であり、都府県を超える地理的管轄区域を持つこともあって、それぞれの地域において今日の道州制論議を主導する役割を演じている。こうした非常時の措置と制度編成は、少なくとも道州制の地理的イメージを準備したのである。

3.2 社会・経済的要因

第二に社会・経済的要因とは、なお複数の局地的市場圏が展開していた国内の経済活動が、19世紀後半以降の交通手段やマスメディアの急速な発達とともに、次第に既存の自治・行政区域を超えるほどにその地理的活動圏を拡大したことである。この拡大は、旧来の区域を制度的な桎梏と化し、他方でこうした活動が生み出す政策課題に効率的かつ有効に対応しようとする行政の側も、少なくも中央政府レベルではより広域の行政活動区域を構想するようになる。

日本においても、フランスにおいても、今日の道州制ないしレジオナリスムにつながる構想が具体的に論じられるようになった要因の一つは、第二次大戦後の地域開発政策である。この政策に充当される資源の配分においても、政策展開を現場で担う経済主体の活動範囲においても、既存の広域自治体は「狭域」であり、行財政能力に乏しいと判断された。

他方でこの政策は、国の行政機構の縦割り状況を克服するため、既存の中間自治体より広い区域で国の出先機関を統合し、そのレベルに中央省庁の権限を移管することを要請された。日本では「官治的」という形容詞が付される第4次地制調答申（昭和32年）にある「地方」あるいは「地方府」構想がそれであり（佐藤 2006；154-164)、フランスでは1964年改革で設置された地域圏（州）行政機構

がそれに該当する。

その場合，地域開発政策においては，国の縦割り行政のみならず，既存の広域自治体のエゴイズムも一個の障碍と見なされることとなった。広域の，かつ圏域一体の政策展開を目指そうとすれば，既存の広域自治体は同一レベルの他の自治体との競合関係のなかで独自の利益を追求する自治団体であったからである。[7]

さらに，首都圏への一極集中という現象とそれへの批判は，より広域の，従って経済的にはより大規模で，行財政的にも強力な自治体形成によって均衡ある国土構造を形成しなければならないという主張と構想に繋がる。通常，政治・行政領域の活動のみならず，経済・社会・文化活動の首都圏への一極集中は，前者を梃子として単一国家に目立って現れてくるからである。第28次地制調答申も，「東京の一極集中の国土構造が是正」されて，「自立的で活力ある圏域が実現するもと期待される」としている。

3.3 民族的・歴史的要因

第三に，民族的・歴史的な要因についてみてみよう。この場合民族的とは，単一国家内における自立を求める民族的少数派の思想と運動に関わり，歴史的とは独自の民族を構成しないまでも，当該国家の歴史の中で形成されてきた伝統・文化を有する地域の住民が，首都圏のそれから自らの固有性を防衛・維持・発展させようとする思考である。もちろんこうした思想・運動や思考は，通常，首都圏や経済的先進地域と比較した際の，当該地域の絶対的・相対的な経済的劣位から脱出を求めるという現実的な要求を伴うことになる。

日本において道州制を早期に主張したのが，第二次大戦後一段と進行した経済の東京集中への批判意識を強めた，かつての「日本の

3 リージョナリズムの背景 11

台所」たる関西財界であることも,こうした文脈で理解することができる。また沖縄における単独州構想も,前近代における琉球王国の歴史と文化や近・現代史におけるこの県の本土との緊張関係と無縁ではない。往事の栄光の復興であり,政治・経済的な被支配の歴史からの脱却でもある。2008年5月13日に公表された,「沖縄道州制懇話会」の第1次提言は,沖縄単独州構想の背景について次のように述べる。

「琉球王国時代,沖縄はアジアでも最も活力に満ち溢れる海洋交易国家の一つであった。かつての『万国津梁の精神』を現代に取り戻し,アジア・太平洋新時代にふさわしい明確なヴィジョンを,今後,県民全体で策定し,共有化する必要があろう」(沖縄道州制懇話会 2008)。

他方で,1950年代に始まるフランスのレジオナリズム運動の急先鋒となったのは,アルザスを除けば,ブルターニュやコルシカといった独自の文化・伝統を持ち,同時に経済的先進地帯である北仏あるいは首都圏の発展から取り残されたという意識を抱いた民族的少数派の居住地域である(本書第3章参照)。さらにイギリスにおける民族的少数派の居住地域であるスコットランドやウェールズ(本書第4章参照),あるいはイタリアにおける都市国家の伝統を有する各州の存在がこうした事例に当たる。

連邦制を採用するインドやドイツにおいては,現在の国制が確立する際の,先行する社会的・歴史的条件にこうした事情を容易に見いだすことができる。すなわちドイツにおける領邦国家体制であり(本書第2章),インドにおける多様な言語の分布状態である(本書第6章)。

3.4 国際的要因

 第四に，しばしば国境を越えた政治的・経済的な統合や共同を推し進める国際社会・経済における今日の趨勢が，リージョナリズム理念と運動に弾みをつけてきていることも無視できない。それは特に，ある道・州が首都圏から地理的に離れ，より近い距離で他国の特定地域が位置する場合に現れてくる。例えば，九州財界の道州制論が，中央政府のくびきから解き放たれて東アジア地域との経済的交流の発展を指向する内容を持っているのも，この流れの中にあるといってよい。2006年10月の九州地域戦略会議道州制検討委員会による『道州制に関する答申』は，次のような現状認識を示している。

 「経済のグローバル化の進展により，九州は東アジアの都市・地域との厳しい競争に直面している。九州は一国に匹敵する経済規模と人口を有するなど優れたポテンシャルをもっているが，各種の規制等の存在や海外との交流が各県単位で行われていることなどから，そのポテンシャルを十分に活かすことができていない」(九州経済連合会 2006年)。

 国境を越えた経済交流の進展と促進といっても，国家を超える政治的共同体を形成したEU諸国と，中央統制からより自律的な，広域単位の政策運営を求める日本とでは，リージョナリズムを促す要因としての強度は異なる。実際に，EU成立後に超国家的範域での経済開発が本格化したヨーロッパでは，通常，各国の州がその政策・補助金の受け皿となり，国境を超えた地域開発政策や経済協力体制もこの単位で取り組まれてきた（若森 2006；1-29）。超国家的団体の成立が直ちに旧来の国境線の意味を失わせるわけではないが，州という広域自治体を一国の経済政策の戦略的単位として浮上

させ，活性化させてきたことは明らかである。

4 制度構想上の争点

以上のような要因を背景として，新たな広域団体の設置が主張され，また実現してきた。しかし，実際にその制度を組み立てようとする場合，政治的にも管理運営上も，多くの課題に直面する。その全てを網羅することはできないが，主要には以下のような争点がある。この問題を主として日本での議論に即して見てみよう。

4.1 階層制

階層制とは，地方自治制度の段階（層）をいくつ設定するかに関わる。一般論として言えば，多段階構造を採れば，基礎自治体にとって中央政府による中央統制への緩衝装置として機能するが，逆に二重，三重の監督を生じさせるかもしれない。（西尾 1990；415）。しかし，そうした効果とは別になぜ，国ごとに1，2あるいは3という階層が選択されるのであろうか。

日本の現行制度は市町村と都道府県の2層制であるが，フランスやイタリアでは県を存置したままその上に州が設置されたため3層制となった。一般的に中間団体は，それより下位段階にある自治体の「とりまとめ役」という性格を持つために，基礎自治体の数が多ければ，そのためのあるいは補完行政のための上位段階の数は一つでは足りない。フランス本国を例にとれば，およそ36,000の基礎自治体のために96の県が必要となり，その県を束ねる22の州がさらに必要となる。

日本の現在の論議では，道州制の実施にともなって都道府県を廃

止するという前提で議論されることが多い。フランスの事情と異なり，平成の大合併による基礎自治体数の大幅な減少と，それ故の人口規模の拡大や行財政能力の強化の可能性が府県の「空洞化」を生じると予想され，この段階の必要性が希薄になっていくと見なされているからである。もっとも，こうした直線的な推論に対しては，府県からの市町村への権限委譲の進捗状況などの変数によって左右されるという批判があることに注意を要する（西尾 2007；149-151）。

他方で，現行の都道府県を維持したままで3層制を採用するとなれば，制度編成上の選択は複雑になる。大づかみに言えば，フランスのように広域的行政事務を再分類して二種類の広域自治体に振り分けるか，あるいは既存の中間団体の上に位置する組織を自治体ではなく，既存の広域自治体の連合体として限定された事務を担わせるか，ということになる。もっともこの場合，厳密には3層制とは言えないかもしれない。

自治体の階層制問題を複雑にするのは，ドイツの都市州あるいは韓国の広域市に見られるような大都市の存在と位置づけである。日本の東京都（23区）及び19の政令指定都市の全てが，通常の道・州と対等の地位を求めたり，実現したりすることにはならないにしても，少なくとも東京，大阪，横浜あるいは名古屋は州と対等の「都市州」の地位を要求しても不自然ではないし，そうなればこうした地域に関するかぎり「1層制」となる。

4.2 区域割り

道・州の区域割りもまた，住民の地理的な帰属意識が最も強い自治体は何か，あるいはその強弱という要因が絡めば，調整が困難な

課題である。フランスの現行の州の半数は，フランス革命以前の州にほぼ重なる形で区域が画定されたため，一部の地域に異論が出たものの，その線引き作業は大きな混乱を招くこともなかった（川崎 2007；134）。しかも，1990年代に行われた世論調査では，国民は3層の自治体の中で市町村に最も強い愛着を示し，また県より州により強い帰属意識を抱いていた。この国の場合，政治エリートをのぞけば，県民としてのアイデンティティは必ずしも強くないのである（川﨑 2007；124）。

しかし，古代の国の境界を踏襲した地域をそのまま，あるいは二つ併せて県の境界を定め，時として県内で地域間の軋轢を生じさせることはあっても，知事や参議院議員の選挙や県単位の各種行事を重ねる中で，曲がりなりにも県民意識を生み出してきた日本の場合はどうであろうか（磯崎 2010；68-69）。少なくとも，市町村合併に際して見られた以上の違和感あるいは拒絶感が関係住民から示されることが予想される。

この区域割り作業は，主要には以下の三つの問題に直面する。第1に，それは「州都」の選定を左右する場合がある。州都をめぐる諸県間の角逐は，すでに中国ないし中国四国，関西あるいは九州の各地方で観察されるが，そのなかには区域割り問題に密接に関連する地方がある。他方で，自県庁所在都市が州都となる見込みが薄ければ，道州制それ自体に消極的・否定的な姿勢を示すことになろう。そのため，現在の道州制をめぐる提言の多くは，その準備段階で無用な紛争を避けるため，半ば意図的に「州都」について言及しない傾向にある。

第2に，他州と接する県境地域の扱いである。中国地方で言えば，下関地区を中心とした山口県西部地方，あるいは鳥取県の東部

地域の帰属問題である。第28次地制調答申は，端的に「数都道府県を合わせた広域的な単位を基本とする」とし，事実上現在の都道府県の境界を尊重した州境の画定を提案している。それでも，社会経済的活動実態が県境をまたぐものとなっているかぎり，この境界とは別の線引きが行われる可能性はゼロではない。

第3に区域割りは，新たに成立する道・州の人口，面積そして経済規模を自動的に決めることになる。現在の道州制論では，新設の道・州がヨーロッパの小国に匹敵する人口やGDPをもち，従って自立した経済単位として十分な規模があることが主張されることが多い。しかし，地域内でのまとまりと経済的に十分な規模の実現の両立は，しばしば相対立する要請となる。地制調答申でも，この点には目配りをして，区域割りに際しては行政・経済的条件に加えて，「気候や地勢等の地理的条件，政治行政区画の変遷等の歴史的条件，生活様式の共通性等の文化的条件も関することが必要」だとしている。

実際，表3をみても，第28次地制調の13道州案ですら，道・州の単純平均人口は1,278万人となり，連邦制のドイツの平均人口，513万人の2倍以上となっており，単一国家であるフランス，イタリア，スペインのそれは，むしろ日本の県の平均人口に近い。またアメリカ合衆国との比較でも，日本の道州の平均人口，1,277万人を超えるのは，カリフォルニア，テキサス，ニューヨーク及びフロリダの4州のみである。そのため現在では，より狭い道・州の区域設定を提案する議論も現れている（村上 2008）。

区域問題は，さらに特有の政治的障碍に出会うことになろう。国会議員の選挙区であれ，「県連」を地方組織の基本単位とする全国政党であれ，政治家の系列構造であれ，いずれも都道府県の区域を

4 制度構想上の争点

表3 ヨーロッパ諸国における州組織 (organisation regionale) の比較

	平均人口 (千人)	平均面積 (平方キロ)	最大人口 (千人)	最少人口 (千人)	最大面積 (平方キロ)	最少面積 (平方キロ)
フランス	2,799	25,490	11,025	711	45,348	8,280
フランスの県	609	5,666	2,555	73	10,000	105
ドイツ	5,131	22,314	17,990	666	70,548	404
オーストリア	899	9,418	1,602	278	19,173	415
ベルギー	3,391	10,173	5,933	960	13,512	161
スペイン	2,512	32,833	7,200	262	94,193	5,034
イタリア	2,828	13,973	9,047	120	25,399	3,263
オランダ	1,318	2,823	3,388	312	4,932	1,363
日本 (a)	12,776	28,222	28,302	1,360	83,455	2,274
日本 (b)	14,195	40,765	35,356	1,360	83,455	2,274
日本の県	2,703	8,040	12,570	610	83,455	2,274
アメリカ (c)	5,518	192,679	33,871	493	1,717,854	4,002

出典: Gérard-François Dumont, *Les régions et la régionalisation en France*, 2004, p. 129ただし、旧東欧圏に属する一部の国は除外した。またフランスとイタリアについては本土のみ。フランスの県ついては、Ministèle de l'Intérieur et de l'aménagement du Territoire, *Les Collectivités locales en Chiffres 2006*, 2006による。日本の数値は第28次地方制度調査会の13道州案 (a) および8道州案 (b) に基づく。松本英昭監修・地方自治制度研究会編集『道州制ハンドブック』、ぎょうせい、2006年、61頁。アメリカは2000年センサスにより、ワシントンDCも含む。ただし、最小面積ではワシントンDCを除いた。

前提としている。従って、そうした組織や個々の政治家の地位を脅かす制度改革には、立法作業の当事者自身が慎重な姿勢をとることは当然予想される（金井 2006；120）。フランスの場合、州の設置に際して県は維持されたが、この国特有の公選議員職の兼任（とその制限）法制のもとで、80年代半ばに県会議員か州会議員かのどちらかを放棄するよう迫られた際、国会議員の多くは、後者の議席を断

念したという（岡村 2010；89-95）。新設の自治体の議席は，政治的な魅力に乏しいと判断されたのである。

4.3 統治機構の編成：執行機関と立法機関

自治体としての道・州の統治機構をどのように設計するかは，政治的に微妙なテーマである。この段階での強力な執行部の形成は，中央政府の権威に挑戦する重大な脅威となると予想されるからである。比例代表制と評議会制をとるフランスの州制度においてさえ，導入後16年を経た時点でも，当時の政権は選挙制度の改正に際して，首都圏を包含するイル・ドゥ・フランス州の議長が獲得するかもしれない政治的権威への警戒心を隠さなかった（川崎 2007：126-127）。

一般論として言えば，議院内閣制を採用すれば穏健な政治的リーダーシップが予想され，逆に現行の首長主義，すなわち執行部の長を住民による直接公選で選出することは，この長に強大な権威を与えることになる。ましてや，中央政府が議院内閣制をとるわが国では，首相のそれを凌駕する政治指導者の出現が深刻に危惧されるのも不思議ではない。第28次地制調答申では，道・州住民による長の直接公選を提言したが，こうした憂慮も反映して長の多選の禁止にも言及した。

他方で，議会議員の選挙制度は，道・州という自治体の政治的な一体性の構築にとって極めて重要な争点となる。新設される広域自治体が，旧来の広域自治体（都府県）を複数包含することになるかぎり，区域内の住民間の融和と連帯感，それにもとづく新たなアイデンティティ（州民意識）の醸成に努めなければならない。そのための手段の一つが，首長や議会議員の選挙制度である。しかし，議

員選挙についてはその設計は一種のジレンマを抱え込むことになる。

　道・州の設置それ自体に反対するほどに，旧広域自治体住民のアイデンティティが強固であれば，譲歩策として，旧広域自治体単位の選挙区の設定とこの単位相互の対等性を保障するための議席配分が必要となる。しかし，道・州の一体性の醸成につながり，道・州内の多様な民意を忠実に反映する制度を意図すれば，道・州全体を選挙区とする比例代表制か，人口比による，場合によっては旧広域自治体の境界を無視した区割りのもとでの小選挙区制が望ましいことになる。

　しかし，第28次地制調答申は選挙区と投票方法ついて語るところはない。仮に州単一選挙区の「拘束名簿式比例代表制」をとれば，これまでの県連を軸とした中央・地方の政党構造を大きく変える可能性を内蔵している（西尾 2007；162-167）。

4.4　権限配分

　新しい広域自治体の行使する権限については，二つの課題がある。一つは国，新たな広域自治体そして基礎自治体間に配分される権限の確定であり，もう一つはこうして配分された各層の権限間の関係である。一般論で言えば，国が外交・防衛，司法，通貨制度等の「国際社会における国家の存立に関わる役割」を果たし，基礎自治体が住民に身近な事務・事業を引き受けるということについての合意は，概ね成立していると言ってよいであろう。地制調答申も，「国際社会における国家としての存立に関わる事務」は国が担当することは当然のこととしながら，現在，国，具体的には各府省の出先機関が実施している事務の中で「国が本来果たすべき役割に関わ

表4　道・州の権限（例示）

行政分野	道州が担う事務
社会資本整備	・**国道の管理** ・**地方道の管理（広域）** ・**一級河川の管理** ・**二級河川の管理（広域）** ・特定重要港湾の管理 ・**第二種空港の管理** ・**第三種空港の管理** ・**砂防設備の管理** ・保安林の指定
環　　境	・**有害化学物質対策** ・**大気汚染防止対策** ・**水質汚濁防止対策** ・産業廃棄物処理対策 ・国定公園の管理 ・野生生物の保護，狩猟監視（希少，広域）
産業・経済	・中小企業対策 ・地域産業政策 ・観光振興政策 ・農業振興政策 ・農地転用の許可 ・指定漁業の許可，漁業権免許
交通・通信	・**自動車運送，内航海運業等の許可** ・**自動車登録検査** ・旅行業，ホテル・旅館の登録
雇用・労働	・**職業紹介** ・**職業訓練** ・労働相談
安全・防災	・危険物規制 ・大規模災害対策 ・広域防災計画の作成 ・武力攻撃事態等における避難指示等
福祉・健康	・介護事業者の指定 ・重度障害者福祉施設の設置 ・高度医療 ・医療法人の設立認可 ・感染症対策
教育・文化	・学校法人の認可 ・高校の設置認可 ・文化財の保護
市町村間の調整	・市町村間の調整

出所　松本 2006a；64
　道州制の下で道州が担う事務のイメージ
（注）ゴシックは，原則として道州が担うこととなる事務で，国から権限移譲があるもの。

るもの」を除いて，道・州に移譲すべきだとしている（松本 2006a；62-63）。

　しかし，「国が本来果たすべき役割に関わるもの」とそうでないものの仕分けと内容の確定は容易ではない。行政学で「基本五省」と呼ばれる，防衛，外務，法務，財務及び内務のなかで，前四省の任務は大半が国に留保されるであろうが，「内務」及びそこから派生し，分化していった農林・水産，厚生・労働，あるいは経済・産業といった行政領域はこの仕分けの主戦場となる。もっとも，道・州側が引き受ける任務の量が多いほど，自治の充実あるいは地方分権化にプラスに作用することにはならない。問題は執行権限というより，むしろ立法権限だからである。「地方自治にとって重要なのは，事務事業の執行規準や執行手続きを自主的に設計する自由であり，事務事業を取捨選択する自由であり，事務事業の優先順位を決める自由である」（西尾 2006；162-164）。

　言い換えれば，都道府県から市町村への権限移譲も含めて各層に配分された権限は，福祉，教育あるいは医療等の領域で，各層が果たして自律的に行使し，事務事業を運営できるのか，という政策形成とその執行管理上の問題を提起する。フランスは，この点でひとまとまりの事務権限の一括移譲を行う「ブロック方式」をとったが，改革後4半世紀を経た今日，その実態については必ずしも肯定的な評価となっていない（川﨑 2007；133）。

4.5　税財政

　道・州の歳出規模は，当然のことながらその権限領域の幅と深さに依存する。この権限の量と内容に見合うだけの行政職員は，旧広域自治体の職員の統合と国の地方出先機関職員の移管によって形成

されることになっている。またその歳入額は、旧広域自治体財源の合算分と新たな権限の行使のために国から移譲される財源によって決まる。

しかし、どの国においても直面するのは、国土の不均等発展に由来する税源の地理的な偏在と、それに規定された歳入額の不均衡であり、その是正のための仕組みが必要になってくる。この仕組みは、税の徴収と配分に国が介在する「垂直的調整」と道・州間の協議による「水平的調整」に大きく二分されるが、両者の組み合わせた方式も排除されるわけではない。

他方で、その財源中の道・州の自助努力分と財政調整分の割合の確定も、制度設計の最終段階で決断を必要とする。「垂直的調整」にせよ「水平的調整」にせよ、いずれも富裕な大都市圏を抱える道・州からの財源の提供・持ち出しを前提とする制度である。とすれば、財政力豊かな道・州がそれをどの程度許容するか、逆に言えば、財政力に乏しい道・州に求める自助努力の範囲と程度はどこまで求めることができるのかという論点は避けられない（伊藤 2009；133-139）。この点の詳論については、本書第9章も参照されたい。

5 道州制批判

ここでは、日本でこれまで行われてきた議論を材料にして道州制への懸念ないし批判論を概観してみよう。道州制構想についての対案や批判は、多方面にわたっている。かつての小沢一郎の「300市構想」や細川護熙の「廃県置藩論（300藩）」のように都道府県も道・州も共に不要とする一層制論や、州の区域割りについての個別の異論もあるが、そもそも現行の地方自治制度の充実こそ重要であ

り，先決問題だとする原則否定派も専門研究者には少なくない。そうした批判も留意しながら，ここでは道州制批判論を大まかに四つのタイプに分けて若干の検討を加えてみよう。

5.1 「官治的」道州制への懸念

今日では，かつての道州制のように，道・州知事を国の任命による官選としたり，公選による知事の身分を事後的に国家公務員に切り替えるといった措置による「官治化」の可能性は遙かに低下している。実際，第28次地制調答申も，議員と長の直接選挙を提言し，この点は明瞭に否定している（松本 2006a；55）。しかし，その事務が「自治事務」であれ「法定受託事務」であれ，この自治段階に国の事務が大規模に移管され，その実施過程と財源が国の統制のもとに置かれることになるといった懸念が全く消え去っているわけではない。

この懸念は，いわゆる自治体に対する国の統制の「規律密度」問題に関わる。道・州に移管された事務に対する法令による義務づけや枠づけ，あるいは各府省による行政的関与が残るとすれば，道州制が地方分権の前進に貢献するという大義は，大幅に損なわれることになる（西尾勝 2007；162-164）。道州制が国の出先機関の大幅な包摂を眼目としている以上，こうした懸念の現実性は一段と強まる。この課題は，2010年3月に活動を終えた地方分権改革推進委員会の勧告においても，現行の制度を前提としたものであるが，いく度も表明された。

5.2 「近接民主主義」擁護論

それでも最も頻繁に語られるのは，道・州が広域であるが故に，

政策決定中枢が地理的にも、心理的にも住民から疎遠となり、住民によるコントロールの有効性が低下し、結果的に住民自治を阻害していくという批判である。例えば、次の新藤による批判はその代表例である。

「それでは地方分権とは、大規模地方政府をつくることであろうか。『受け皿論』を共有する構想は、いずれも『地域の自立』『地域住民の気概』の重要性を唱えている。だが、そのためには、政治的意思の決定核は、できるだけ地域住民から時間的・心理的・物理的に近い距離に、おかれるべきではないだろうか。地方分権の真髄は、たんなる中央政府から地方政府への権限の移管ではなく、市民の自治、地域のデモクラシーを機能させることである。はたして霞が関の解体後に生じる地域ブロックごとの大規模地方政府は、それに応えることができるだろうか。」(新藤 2002；19)

市町村合併に際してもこれとほぼ同じロジックが用いられたが、疎遠の程度は、日常的な生活圏に接点がほとんど期待できない道州制の方が遙かに大である。それに加えて、他ならぬ住民間の地理的な、また社会・心理的距離も遙かに大きい。無論、道・州の住民に市町村のそれと同等・同質の、自治体機構への一体感が必要かどうかという議論もありうる。さらに、都道府県の仕事が市町村に、国の仕事が道・州に移れば、現状に比べて住民に身近になるという反論もある（松本 2006a；(三) 7）。

この懸念は、市町村合併時と同様、道・州内周辺地域の危惧、すなわち「道・州内集権」論と容易に結びつくことになる。州庁所在地となった都市と県は、政治・行政首都（県）として権力の所在地となるばかりか、社会・経済・文化的な活動の集中・集積が進む一方、非中心県・地域は一段と「周辺化」し、それに伴う衰退が待ち

受けているという懸念である。いわば,全国規模で起こっている一極化が道・州内で再現するというおそれである。廃止対象となる自治団体内の住民が歴史と伝統を共有するアイデンティティを強固に保持し,地域的な連帯感が強ければ,それだけこの「周辺化」回避の声は強まることになる。

　この種の批判が行われる場合,対案として提出されるのは,一方で道州制を採用するとしても,現行の都道府県の境界と組織を可能なかぎり維持し,そこで自治の一層の充実を図るという,いわば「道・州軽量化」論となろう。他方で,そもそも道州制の実現を断念して,それとは別の広域連合等の広域行政制度の活用を模索する方向である。

5.3　「上からの道州制」批判

　この種の批判は,道州制にかぎらず自治制度の改革についてはしばしば行われるが,改革それ自体,改革の内容,さらに改革の手続きも,いわば国策として強行的に自治体に押しつけられ,それ故に自治を破壊するという批判である。国家的規模の制度改革であれば,一定程度の,また事実上の強制性を伴うことは避けられないが,異論を排除して見切り発車となれば,この改革の理念そのものが毀損されることとなる。

　強制の内容は,道州制それ自体の設置の強要であり,道・州の区域設定とそれを構成する都道府県の割り当てであり,この制度を導入する際の手順である。言うまでもなく,既存の広域自治体の規模とそれに規定される行財政能力には大きな違いがあり,それだけ新たな広域自治体の必要性についての意識は異なってくる。実際,第28次地制調が例示した州のなかには,その人口が東京都ばかりかい

くつかの府県と同程度の規模に止まるものがある。

他方で，どの州に所属することになるのかについての決断は，当事者である都府県も，またそれぞれの内部の地域においても容易ではない。したがって，国から区域割りのパターンが提示されること自体，それが一人歩きを始め，原案としての重みを持つにつれて，抵抗しがたい強制と受け止められる。

国家規模の改革であるかぎり，時日を決めて全国一斉に実施という事態が想定されやすいが，この手順についても異議が唱えられている（西尾 2007；157-159）。地制調答申では，原則は全国で同時にとしながらも，「関係都道府県と国の協議が調ったときには，先行して道・州に移行できる」として，この懸念に答えようとしている。区割り問題が事実上存在しない北海道を除けば，本来的に地域ごとに社会・経済的なまとまりの違いがあり，また改革を受け入れる機運についての温度差も現れてくる。しかし逆に，機が熟したところから着手という手順となれば，短・中期的には，国全体の政策過程が複雑になり，また混乱する可能性も残すことになる。

5.4 全国的民主主義への脅威論

少数ではあるが，行財政的に強力で，政治的自立心も旺盛な道・州とその政治リーダーの登場が，全国的な政治的統一を損ない，国益を危うくしかねないという批判もある。これは，上述のように直接公選の大統領を戴き，大統領の政治的リーダーシップが制度的に用意されているフランスにおいてすら，州制度の改革が論議される際に，特に首都圏の州議会議長を念頭に表面化した危惧である。ましてや，国政では議院内閣制を採用する日本の場合，この危惧がより現実であることは不思議ではない。例えば，森田朗は次のような

懸念を表明する。

「……全部で十数人の道州知事という権力者が，狭い選挙区から選ばれてきた何百人もの国会議員の声に耳を傾けるだろうか。それどころか，道州知事が，自分を選出してくれた何千万人の有権者をバックに国と対決することになったとき，果たして内閣や大臣の意向に従うだろうか。法制上，いかに国の優位を定めても，実際の政治がその通りに動かないことは，昨今の米軍基地問題での自治体の反対運動のもつ影響力を想起すれば想像できよう。……」（森田 2006）。

固有の地域的利益の主張であれ，党派的対立の反映であれ，道・州間で，あるいは道・州と国との間で対立が生じた場合，このような首長を戴けばその解決と修復には，相当のエネルギーと時間を必要とする。また制度化に着手する際に，このような権限と権威を兼ね備え，国会議員ばかりか大臣のそれをも脅かしかねない政治家を出現させるような立法作業に，国会が逡巡することなく取り組むことができるであろうか，という懸念も払拭できない。

6 おわりに

2009年の夏は，初めての本格的な政権交代という，戦後日本政治史に有数の大きな変革を目撃することとなった。しかし，自民党のマニュフェストに記載されてはいたものの，主要政党の論戦のなかで，道州制はほとんど俎上に載せられることなく投票日を迎えた。さらに政権交代後半年以上経ても，現政権は「地域主権」を共通の理念とする改革に取り組もうとしているが，道州制については基本的に沈黙が続き，この事情は変わらない。それだけ，現時点ではな

お国民の生活実感に縁遠い改革課題であると言わざるをえない。

　だが，生活に密着したテーマではないということは，外交問題がしばしばそうであるように，この課題の重要性を否定することにはならない。中国地方各県の新年度予算には，いわば道州制マターが散見される。観光振興であれ，高度医療拠点であれ，空港整備であれ，あるいは県境をまたぐ中山間地域の活性化であれ，その有効性や能率性という観点からすれば，いずれも県を超えた取り組みと設置運営における協力が必要とされる施策であり，事業である。各県単位の大型事業や施設建設も，地方空港の窮状をみれば，破綻回避のために本腰を入れて見直さなければならない。

　こうした要請に応える方策の一つが，道州制の実施ということになる。道州制が，複数の対応策の一つにとどまらず，最有力のそれに絞り込まれてくるためには，なおいくつかの関門が控えている。「国のかたち」を改変する事業は，その設計作業の緻密さだけでは十分ではない。それを後押しする国民の熱気と，それを生み出し動員する政治的リーダーシップを必要とするであろう。

［注］
（1）　第28次地制調答申は，全国の道・州への区割りについて基本パターンとサブパターンを合わせて6案を例示した。もっとも，北海道は単独でただ一つ「道」となるものとされており，沖縄県も九州とは別の「単独」沖縄州を選択する可能性がある。
（2）　ただし，この包摂の規模と内容については，当然のことながら現時点では確定していない。その程度や内容次第では，一方で都道府県合併と大差ない改革となりかねないし，包摂された権限の行使の様式いかんでは「官治型」道州制に接近してくる。
（3）　リージョナリズム（regionalism）という概念は，国際政治学の分野では，超国家的な地理的空間に関わる意味内容をもつものとして使用され

(4) 連邦制国家アメリカの場合,固有の軍(州兵),法律さらに裁判所も持つ州(state)が単一国家に相当し,中間団体は郡(county)となる(岩崎 1998;32-35)。
(5) フランスの自治体は,市町村,県そして州の全てが,いわゆる評議会(conseil)制度を採用している。そのため,公選議会の議長が同時に執行部の長となり,議会議員の選挙は同時に行政部の長を選出することになる。
(6) 平成の大合併の結果誕生した新しい基礎自治体のなかには,府県の面積を超える団体も現れている。岐阜県高山市は人口94,000人弱(2010年4月)でありながら,その面積は2,177.67km²であり,香川県のそれ(1,862km²)を凌駕した。
(7) この自治団体としての独自の利益の主張は,自治体の政治エリート(首長と議員)の地位・議席の確保など,職業上の利益が重なり合うことも希ではない。

[文献]

天川晃・稲継裕昭 2009『自治体と政策―その実態と分析―』放送大学教育振興会

有沢広巳監修 1994『昭和経済史[中]』日本経済新聞社

磯崎初仁 2010「都道府県制度の改革と道州制―府県のアイデンティティとは何か―」同編著『変革の中の地方政府―自治・分権の制度設計―』中央大学出版部

伊藤敏安 2009『地方分権の失敗 道州制の不都合』幻冬舎

岩崎美紀子 1998『分権と連邦制』ぎょうせい

金井利之 2006『自治制度』東京大学出版会

川﨑信文 2007「レジオナリズムと道州制:比較上の留意点についての素描」『広島法学』第31巻第2号

九州地域戦略会議 2006 http://www.kyukeiren.or.jp/katsudo/pdf/1810doushuusei1.pdf

松本英昭監修 2006a 地方自治制度研究会編集 『道州制ハンドブック』ぎょ

うせい

松本英昭 2006b「道州制について―地制調の答申に関連して―」(一)(二)(三)(四)『自治研究』第八十二巻 第五・六・七・八号

Mény, Yves, 1974 *Centralisation et décentralisation dans le débat politique français（1945-1969）*

村上弘 2007「道州制は巨大州の夢を見るか？―22州案を含む道州制モデルの比較検討―」『立命館法学』315号

百瀬隆（伊藤隆監修）1990『事典 昭和戦前期の日本―制度と実態―』吉川弘文館

森田朗 2006「オピニオン 道州制論議―見落とされた論点―」
『時事通信』(2006年5月31日) http://www.j.u-tokyo.ac.jp/~morita/kijitext02.htm

西尾勝 1990『行政学の基礎概念』東京大学出版会,

西尾勝 2007『地方分権改革』東京大学出版会

沖縄道州制懇話会 2008「沖縄の「特例型」道州制に関する第1次提言」,
http://www.geocities.jp/dk_okinawa/declaration.html

佐藤俊一 2006『日本広域行政の研究―理論・歴史・実態』成文堂

新藤宗幸 2002『地方分権 第2版』岩波書店

若森章孝 2007「EUの地域政策と国境を越える地域形成」若森・八木・清水・長尾編著『EU経済統合の地域的次元』ミネルヴァ書房

第2章 連邦制の諸問題
―― ドイツの歴史的経験から

牧 野 雅 彦

1 はじめに

　連邦制の問題は，いわゆる地方自治・地方分権の問題と関連する一方で，国家主権そのもののあり方と密接に関連している。

　連邦国家 (federal state) とは，複数の国家が連合して統一した国家として定義され，したがって連邦国家における構成国の権限は，単一国家 (unitary state) 内部において各種の地方団体・自治体が国家から与えられる権限とは質的に異なるものとされる。しかしながら連邦国家における中央政府と邦・州政府との関係と，単一国家における中央・地方の関係の相違をどこに求めるのかはなかなか答えることの難しい問題である。構成国である州や邦が「自治体」ではなく「国家」であるとすれば，連邦国家において主権の所在はどこにあるのか。そもそも主権とは何で，国家とは何かという本質的な問題と関連しているからである。

　そうした問題を正面から問うてきたのがドイツの国家学であった。ドイツは一九世紀後半の1871年に連邦国家というかたちで国家統一が行われる。すでにドイツに先行してヨーロッパではスイスの

連邦制（1848年）やアメリカ合衆国の事例があり，他方ではドイツとは対照的に単一国家ピエモンテ・サルディニア王国による国家統一を達成したイタリアがある。それらの先例をも踏まえながらプロイセンという指導的国家による統一の達成と独特の連邦制国家の建設を遂行し，またそれらの歴史的経験，連邦国家と主権をめぐる問題をめぐって国家学・国法学の分野で議論が積み重ねられてきたところにドイツの特徴がある。

ちなみに日本の明治国家形成もほぼ同時代で，近代国家形成の模範としてドイツ国家学・国法学がわが国に導入されてきたことはよく知られているが，連邦制の問題については，これまであまり関心が向けられてこなかった。ここではドイツの歴史を振り返ることで連邦制をめぐる論点を整理することにしたい。

2 ドイツ統一と連邦制——国法学の連邦制理解

2.1 歴史的前提

ヨーロッパにおける主権国家の形成は宗教改革を契機とする宗派の争いとその調停をめぐって進行する。三〇年戦争とウェストファリア条約によって，主権国家とその構成する国際社会の原型が形成されるといわれるが，この主権国家の体制はヨーロッパでも純粋なかたちで実現しない。

とりわけドイツの場合にはウェストファリア条約によって領邦主権と領邦教会制の体制が確立し，領邦レベルの国家形成が進行する。中世以来の聖俗権威（神聖ローマ帝国とローマ教会）のもとでの諸民族の並存状態が，民族・国民国家の形成，国家主権の原理に基づいて調整・再編されるのはフランス革命に始まる一九世紀にな

ってからであった（同時にまたこの過程は国内での国家と教会との関係，さらにローマ教会との関係の再編――いわゆる「政教分離」の過程でもある）。

2.2 1849年フランクフルト憲法

　フランス革命軍によるライン占領とナポレオンによるライン連邦設立（1806）により神聖ローマ帝国は廃止されることになる（皇帝フランツ二世退位宣言）。ナポレオン敗北後のウィーン体制のもとで設立される「ドイツ連邦」は33君主国と4自由都市の連合体にとどまり，しかも二大国であるプロイセン，オーストリアともに連邦の外に広範な支配領域を有していた。

　ドイツにおける本格的な国民統一の試みは1848年の3月革命を契機に開始される。フランクフルトの聖パウロ教会に結集した国民議会は協議の末に統一国家の憲法を作成する（1949年のいわゆるフランクフルト憲法）。これは君主制の領邦ならびに自由都市で構成される連邦制をとり，二院制議会（下院と上院・諸邦院）を基礎とする中央政府の構想であった。統一をめぐるプロイセン＝小ドイツ派とオーストリア＝大ドイツ派との争いは，ハンガリーを含めた非ドイツ系地域との統一に固執するオーストリアに対して小ドイツ派が勝利を収め，議会はプロイセン王を元首＝皇帝に選出するが，プロイセン国王はこれを拒否した。市民勢力による革命に基づくドイツ統一の構想はこれによって挫折することになる。

2.3 1871年帝国憲法

　1848年の統一の挫折以後も，プロイセンとオーストリアの主導権争いがつづくことになるが，鉄血宰相ビスマルクによる強力な政治

指導の下でプロイセンは一連の戦争に勝利を収めて統一を達成する。1864年対デンマーク戦争，1866年普墺戦争の勝利を経て1867年に北ドイツ連邦が設立される。プロイセンはハノーバー，クーアヘッセン，ナッサウ，フランクフルト，シュレスウィヒ＝ホルシュタインを併合し，プロイセンの強力な覇権（ヘゲモニー）に基づく連邦制というプロイセン・ドイツ国家の基本構造がここに成立する。さらに1870年対フランスの勝利の後に南ドイツ諸邦が加入し，連邦首長としてのプロイセン国王が戴冠することによってドイツ帝国が成立する（1871年）。

ドイツ統一の事情と対照的なのがドイツに先行したイタリアである。ここでは当初，教皇領を含めた連邦制国家が構想されたが，1948年の革命の衝撃を受けて教皇庁が統一運動から距離を置いたこともあり，結局，北部サルディニア＝ピエモンテ王国と宰相カヴールによって単一国家として統一されることになる（1861年）。[2]

プロイセンを中心とした諸邦（君主国ならびに自由都市）の連合という形で成立するドイツ帝国憲法は，普通選挙の帝国議会と諸邦代表の連邦参議院の二元的構成をとる。単一国制的側面を代表する帝国政府＝帝国議会に対する連邦制＝連邦参議院の優位，連邦参議院におけるプロイセンの優位，プロイセン国王＝ドイツ皇帝，ならびにプロイセン首相（閣僚）が帝国宰相を兼ねるという「人的結合」のうちに示されるように，実質上はプロイセンと帝国（ライヒ）の二重国家的性格を帯びていた。

しかしながら統一とともに本格的に進行する産業化とそれに伴う社会構成の変化，労働組合や社会諸団体をはじめとする大衆組織化，いわゆる「大衆民主主義」の進展は，三級選挙法に依拠するプロイセン議会とプロイセン政府に対して，早期に普通・平等選挙を

導入した帝国議会と帝国政府の比重を増大させる。さらに社会政策や艦隊建設をはじめとする帝国経費の増大は、邦の財政的優位（所得税など直接税の把捉）に傾く帝国財政の改革を要請することになる。かくして帝国（ライヒ）とプロイセンとの複雑な構成とその変容をふまえながら、統一国家としての帝国とその構成を法的に弁証するのがドイツ国家学・国法学の課題であった。

2.4 ドイツ国法学と連邦制

帝国の連邦制的構造について根本的な問題提起をしたのがバイエルンの国法学者マックス・フォン・ザイデル（Max von Seydel, 1846-1901）であった。主権（領土・国民への排他的支配権）を有する領邦が連合して連邦国家を形成した場合に、主権の所在はどこにあるか。連邦にあるならば構成国家は国家ではない。構成国家＝支邦が主権国家であれば連邦は国家とは言えない。主権は領邦にあり、帝国はあくまでも契約による構成体にすぎないというのがザイデルの立場であった（同様にアメリカ合衆国の州と中央政府の関係についてもザイデルはカルフーン John Caldwell Calhoun, 1782-1850の議論に従いながら、州に主権があるものと理解している）。その背景には諸邦王朝・政府・官僚の保守的利害が存在していることはいうまでもない。その限りにおいて支邦の主権を強調するザイデルの議論はプロイセンの保守派の利害とも接点をもつことになる。いいかえれば諸邦王朝の保守的な連合体としての性格を帝国は有していた。

もとより帝国がドイツの国民国家としての統一に基づいている以上、ザイデルのような議論では帝国の国家としての性格を十分に弁証することは困難になる。あくまでも構成国の主権を擁護するザイデルに対して、帝国の主権国家としての性格を堅持しながら、連邦

と構成国との関係を法律学的に解決したのがパウル・ラーバント (Paul Laband, 1838-1918), ゲオルク・イェリネク (Georg Jellinek, 1851-1911) に代表される実証主義的国法学であった。その論点は大略以下のようにまとめられるであろう。

(1) 連邦国家 Bundesstaat か国家連合 Staatenbund か。

まず連邦国家の法学的定義について, 複数の国家の連合体には連邦国家と国家連合の二つの種類がある。前者は連邦が一つの主権国家をなしている場合であり, 後者は主権国家が構成する連合体にとどまる。帝国はいうまでもなく主権国家としての連邦国家である。

(2) 国家法人説による連邦国家の構成。

実証主義的国法学にとって当然のことながら連邦国家の性格はまずは法学的観点から説明されねばならない。ラーバントは次のように問題を提起した, いわく帝国の法的性格は法人か結社 (Societas) か。契約 (条約) によって構成された団体が明確な法的意思＝権利の主体を構成する場合が法人である。すなわち国家はそうした法人の一つであり, 連邦国家としての帝国もかかる意味での国家としての性格をもつとラーバントは言うのである。

(3) 国家と主権の相対化。

もとよりその場合には連邦を構成する支邦国家も法人としての要件を有している。それでは連邦国家と支邦国家との二重性をどう解決するのか。ザイデルの言うように排他的な主権を国家の属性とする限りは二重国家の存在と矛盾することになる。連邦国家・支邦国家ともに国家＝法人としての性格を堅持した場合, 解決の方向は国家ならびに主権の要件を緩和する以外にありえない。これを徹底したのがイェリネクであった。彼は国家と主権とを分離する——支邦国家は非主権的だが国家である——ラーバントの解決を継承しなが

ら，さらに主権の絶対性そのものも否定することによって国家主権の歴史的相対化の方向に一歩を踏み出すことになった。これは法実証主義そのものの相対化へとつながる方向でもあった。イェリネクの主著『一般国家学』は法律学的国法学と社会的国家学との総合を意図していたが，そうした方向はマックス・ウェーバーの社会学へと継承されることになる。

(4) 国家機関論による帝国の内的構成。

国家機関とは，法人としての国家の意思が帰属する自然人ないし自然人の集合体を指す。イェリネクは国家機関の分類と相互関係（法的意志関係）の観点から帝国の権力構造を分析した。帝国の場合に国家の最高機関はどこに存するか。支邦国家の全権使節（支邦国家の最高機関としての君主あるいはその代理）で構成される連邦参議院がそれに当たる。すなわち支邦国家の国家機関が同時に連邦の機関としての性格を有しているという国家機関の二重性にこそ，連邦国家の特異性がある。

(5) 国家元首と連邦制の問題。

ただしドイツ帝国の場合に連邦制はさらに複雑な構成をとる。すなわち最高機関たる連邦参議院構成員の中ではプロイセンが他の支邦に対して票数上優位を占め，またプロイセン国王が同時に連邦首長として皇帝位に就いている。プロイセン主導のドイツ統一という帝国建設時の事情に規定されたプロイセン優位の構造（ヘゲモニー）をどう説明するのかという問題である。

この問題をイェリネクは国家機関論の論理を用いて次のように説明する。ドイツ皇帝は単一国家における君主・元首とは異なる。イェリネクの定義によれば国家の最高機関を一人の自然人が担うのが君主制であり，世襲であれ選挙であれそうした最高機関としての担

い手が君主となるが，連邦国家としての帝国においてはその最高機関は構成国家の最高機関の担い手（君主もしくはその代理機関）の集合体である他はなく，その意味においては連邦国家としての帝国は「共和制」ということになる。ただしドイツ帝国の場合にはプロイセンが上に述べたような事実上の指導的・支配的地位を占めており，連邦参議院を構成する諸邦君主の中の「同輩者中の第一人者」（primus inter pares）としてプロイセン国王が連邦首長・皇帝位を担う。その限りでは皇帝は一方では連邦参議院に全権代表を送る支邦国家の最高機関としての諸邦君主の全体の代表としての性格と，他方ではみずからプロイセンという一支邦国家の最高機関の担い手であり——したがってまた帝国においても「主権的な」最高機関の共同の担い手である——プロイセン国王としての属性とを兼ねていることになる。

以上のようなかたちでイェリネクは，帝国におけるプロイセン優位の構造を，国家法人説・国家機関論の論理を用いて論証したのである。

しかしながら実証主義的国法学によるそうした連邦国家の内的構成の論理はドイツ帝国そのものの崩壊とともに危機に直面することになる。

3 ワイマール共和制と連邦制

3.1 ワイマール共和政における連邦制の再編 (1918-19年)

第一次世界大戦とその敗戦による帝制ドイツの崩壊，諸邦君主制の崩壊，共和制への移行によって連邦制の問題があらためて提起される。社会民主党のフリードリヒ・エーベルトの臨時政府は憲法草

3 ワイマール共和制と連邦制　39

案の作成をフーゴ・プロイス（Hugo Preuß, 1860-1925）に依頼した。マックス・ウェーバーなども参加した憲法草案作成委員会はプロイスの下で審議を開始する。プロイスはそれまでの公法実証主義の批判者であったオットー・ギールケ（Otto von Gierke, 1841-1921）の系譜に連なる人物であり、プロイセン官憲国家に対する痛烈な批判者であった。

そのプロイスがとりくんだ最大の問題は従来のプロイセン優位のライヒの構成をどうするかという問題であった。プロイスは、プロイセンを州に解体するとともに連邦参議院を上院（諸邦院）に改変して二院制の議会として構成するという——1849年フランクフルト憲法の線を基本的に継承した——憲法草案を提案するが、これは諸邦政府（社会民主党や急進左翼が政権を握る）の反対にあって挫折する。

なお、諸邦政府の反対や戦後再建をめぐる対外的・対外的状況に鑑みてプロイスのプロイセン解体案は実現不可能だと判断したウェーバーは、プロイセンならびに諸邦の代表する連邦制的・分邦主義的利害に対する単一国家的平衡錘として、直接国民選挙によるライヒ大統領を提案し、これはワイマール憲法の構成要素として定着することになった。[3]

プロイスの意図したプロイセン解体は実現しなかったが、憲法全体の構成における単一国家的要素の強化、プロイセンからライヒへの方向に重点の移行が行われる。ライヒの国家機関とプロイセン機関との結合は廃止され、皇帝に代わる国家元首たるライヒ大統領は全国民からの直接選挙によって選ばれ、憲法第48条に代表される強力な権限を保有する。連邦参議院から名称変更されたライヒ参議院は各邦（君主制が廃止されて自由邦となる）の政府代表によって構成

される点で従来の連邦制的原則を堅持するが，ライヒ参議院の中ではプロイセンの権限が削減される——プロイセンの参議院での投票は一括して投じられるのでなく，半数は政府，半数はプロイセンの各州に分割される——と共に，ライヒ議会に対する（ほとんど主権的な）優位を失うことになる。財政面においても，税制改革によってライヒが直接税を把握し，ラント（邦）に対するライヒの財政的優位がひとまず確立される。ただしこれは邦財政の困難とライヒならびに邦間の財政調整をめぐる問題を顕在化させ，1927年ビール税収入の諸邦への分与を求めるバイエルンとこれに反対するプロイセンとの対立にいたる。先述の票数制限規定もあってライヒ参議院での票決に敗れたプロイセンは当該措置が「ライヒの単一国家的要素」に抵触するとして国事裁判所に提訴し，1928年11月17日の判決はプロイセンの主張を認めている。

　かくしてライヒとプロイセンならびに他の諸邦の関係をめぐる問題はワイマール共和制の下でも未解決のままに残される。ただし，皮肉なことにライヒとプロイセンとの関係は政治的には逆転する。すでに革命直後のエーベルトの臨時革命政府（社会民主党・独立社会民主党の連立）と急進派の支配するベルリン・レーテ執行委員会との対立にその萌芽は見られたが，帝制期には保守派の牙城であったプロイセンは革命後はオットー・ブラウンの社会民主党を中心とするワイマール連合（社会民主党・中央党・民主党）が指導権を掌握するのに対して，むしろライヒ政府と議会のレベルでは中道諸政党の連立政権（1923年と29年の二つの大連合の間は社会民主党は入閣せず，中道少数派あるいは中道右派の内閣が続く）が構成されるというまことに対照的な構図が生まれる。プロイセンは1932年7月20日のいわゆる「プロイセン陵辱」まで社会民主党を中心とした共和派の

拠点となる。

　ワイマール共和制における連邦国家の再編とそれをめぐる混乱に直面して、帝制期の実証主義的国法学に対する鋭い批判をふまえて新たな連邦制論を提示したのがカール・シュミット（Carl Schmitt, 1888-1985）であった。

3.2　カール・シュミットの連邦制論

　シュミット『憲法理論』における連邦制の要点は、連邦国家か国家連合かではなく、連邦（Bund）と同盟（Bündnis, Allianz）との区別にある。連邦とたんなる軍事同盟やその他の同盟関係との相違は、構成国の国制を当該同盟条約が規定するという点、いいかえれば構成国の間に一定程度の同質性が存在することが連邦が存続するための決定的条件となる。その意味するところをまとめると以下のようになるであろう。

(1)　連邦のアンチノミーと同質性

　よく知られているようにシュミットは政治の本質を友と敵の区別、これをめぐる「実存的」決定として捉えた。政治的共同体としての国家がいわゆる主権国家として存立しうるかどうかは、かかる実存的決定に基づいているかどうかによって決まる。連邦国家の特質はまさにそうした実存的決定が未解決のままに留保されているところに存する。これまでの実証主義的国法学の議論、連邦国家と支邦国家のいずれが主権的であるか、帝国は連邦国家であるか国家連合であるか、という一連の問いはまさに連邦というものに内在する固有の「アンチノミー」の表現でしかない、とシュミットはいうのである。

　ただしそうした連邦固有の「アンチノミー」を、少なくとも構成

国相互の実存的な抗争にまでいたることを回避する可能性を与えているのが、構成国相互間の同質性であった。

(2) 同質性と民主制

この場合に同質性の基礎は国民的・宗教的・文明的・社会的ないし階級的等々多様でありうる。当時その存在を主張していた社会主義国ソビエトの場合のように階級的同質性に基づくという場合を除けば、今日多くの連邦のそれは住民の国民的同質性に基づいているが、さらに重要なのは政治原理（君主制、貴族制、民主制）における同質性である。

多くの連邦の場合、構成国の政治原理についての保障条項がその憲法には含まれているのはまさに構成国の政治体制の同質性が連邦の保障となっているからであった。そうであるからこそ連邦とは構成国の国家体制について何らかの規制を含んだ同盟条約によって成立するという先の定義が与えられているのである。ドイツ帝国の場合には憲法上明示的な保障条項を備えてはいないが君主制原理に基づく連邦であるとシュミットは見ている（シュミット 1972：462）。前節での連邦参議院の構成と権限の紹介からも分かるように、ドイツ帝国の連邦制が諸邦の君主制原理に基づいているのは明らかであろう。

だが同時にまた前節での実証主義的国法学の理論的苦闘が示しているように、君主制原理に基づく連邦というのが矛盾をはらんだ存在であることもまた明らかであった。これに対して構成国間のアンチノミーの解消ないし緩和にとって相対的に好適なのが民主制であろう。

ただしそうしたアンチノミーの解消は連邦そのものの解消に行きつくことになる。シュミットによれば、民主制も連邦も「同質性」

の前提に立脚している。したがって民主的国家の連邦が形成されれば民主制的な同質性は連邦の同質性と合流し，連邦と構成国間の政治的境界を越えた人民の一体性が形成される。

民主制と連邦制との結合は，もはや連邦的基礎をもたない連邦制という独特の類型に導くことになる。ワイマール共和国憲法によって形成されたドイツ・ライヒはその意味においてはもはや本来の連邦ではない。にもかかわらずそれがなお「連邦」と呼ばれるのは，まさに政治的実存の態様についての実存的決定たる憲法において示される，連邦国家的性格を維持するという意欲によってのみである，とシュミットは言うのである（シュミット 1972：477-478）。

こうしてシュミットにおいては，ワイマール共和制の下でのドイツ・ライヒはもはや連邦の範疇から外されることになった。だが現実のワイマール共和制において，連邦と構成国家の間での実存的レベルでの対立が真に解消の方向に向かっていったかどうかは，後にシュミットが関与することになるパーペンのいわゆる「プロイセン陵辱」とそれをめぐる国事裁判においてあらためて問われることになるであろう。

(3) 連邦としてのドイツ連邦

ところで，シュミットのこうした観点からみれば連邦たりうるのはドイツ帝国とその後継国たるワイマール・ドイツ共和国（ちなみにここでの帝国も共和国も原語は Reich である）だけではない。フランス革命とナポレオンの敗北の後のメッテルニヒのいわゆるウィーン体制のもとで成立した1815年のドイツ連邦もシュミットのいう連邦（Bund）としての要件を備えていることになる。もちろん1866年の普墺戦争でこれは事実上解体するが，そこにいたるまでは少なくとも構成国が相互に一定の交戦権を放棄し，また連邦を形成する

契約が構成国の国制の一部をなすという連邦の要件が妥当している。その限りにおいて1815年のドイツ連邦と1871年の帝国とは何ら変わるところがない，というのがシュミットの立場であった。1871年のドイツの国民的統一によって成立した帝国（ならびにその前段階としての1867年の北ドイツ連邦）をいわば特権化した存在として前提とした上で，その主権国家としての内的・法律的論理一貫性を追求する実証主義国法学とは明らかに異なる地平にシュミットは立っていたのである。

(4) 疑似連邦としての国際連盟

そうしたシュミットの連邦概念の射程は1815年のドイツ連邦にとどまらない。あらたな国際組織としての国際連盟（Völkerbund）もまた「連邦」（Bund）としての観点から吟味されることになる。

まず，そもそも国際的という用語それ自体が多義的であることに留意せねばならない。シュミットはいわゆる国際的（International）な関係と国家間（zwischenstaatlich）関係とを区別している。後者は政治的実存的決定の担い手たる国家の存立を前提として，外に対して閉ざされた国家相互の関係を意味している。これに対して「国際的」というのは，国民的な相違の除去，国境を越えた浸透と結合を意味する。たとえばローマ・カトリック教会はその意味において「国家間的」でなく「国際的」であり，また国際労働組合や国際カルテルはそれらが「国家間的」でない程度に応じて「国際的」となる。その意味においては「国際連盟」は Völkerbund, Société des Nations, League of Nations という表記にもかかわらず，その本質においては政府，国家の関係，国家間的組織である（シュミット 1972：446）。

それでは国家間組織としての国際連盟は「連邦」であるのか。た

んなる国家間関係や軍事的・相互援助「同盟」関係をこえた新たな国際組織たらんとするその意図はどこまで実現されているのか。シュミットの「連邦」の定義からするならば答えは否定的とならざるをえない。国際連盟は固有の「戦争権」をもたないが，真の連邦であれば当然のことながら戦争の権利を保有するはずである（シュミット 1972：467）。さらに国際連盟は領土をもたない。構成国家の領土は連盟の領土高権や連邦権力に服さない（シュミット 1972：471）。したがって真正の連盟としての性格をもたない組織を Bund と称するドイツ語表記は不正確である，ということになる。

 もとより国際連盟を「連邦」の要件に照らして吟味するシュミットの問題意識には，もし連盟がそうした要件をみたしたならば本来の「連邦」となりうるという認識が含まれている。ただしそのためには国際連盟が世界大の普遍主義的な国家間の組織（League, society）なのか，それとも固有のヨーロッパ諸国の組織であるのか，という点が明確にされねばならない。いいかえればヨーロッパ諸国が連邦の要件をみたす組織を形成したならば，それは一つのヨーロッパ大の「連邦」となりうる。ジュネーブに本拠を置く「国際連盟」も実質的にはそうしたヨーロッパ連邦の側面ないし可能性を潜在的に含んでいる，というのである。

 シュミットのこのような議論の背景には，敗戦によってドイツに押しつけられたヴェルサイユ条約に対する批判がある。ヴェルサイユ条約はドイツの統一を解体しなかったものの，植民地や領土の大幅な割譲に加え，主権的権限に対する大幅な制限を課していた。一般軍縮を旗印にドイツに対しては大幅な軍備制限・監督が行われ，さらにフランスの対ドイツ安全保障要求に基づいて連合国はラインラントを占領，外相シュトレーゼマンのねばり強い交渉の結果占領

期限満了前の1930年6月に撤収が行われた後も引き続き中立地帯として非武装化されていた（政権を掌握したヒトラーのヴェルサイユ体制に対する公然たる修正の第一歩は1936年3月のラインラント進駐である）。国際連盟はそうしたヴェルサイユ条約による戦後の国際体制の一環であり、シュミットの批判はかかるヴェルサイユ＝ジュネーブ（国際連盟）体制に向けられている。

ただしヴェルサイユ体制に対するシュミットの批判は連合国側の「勝者の裁き」に対する政治的・倫理的批判とはいささか異なる地平でなされていることに留意する必要がある。シュミットは1919年のヴェルサイユ体制を1815年のウィーン体制と対比してこう述べている。1815年の体制、すなわちドイツにおけるドイツ連邦、ならびにヨーロッパ全体ではいわゆる「神聖同盟」を中心とするウィーン体制はナポレオン戦争の「敗戦国」フランスをも対等・平等の構成国として迎え入れることによってナポレオン戦争後のヨーロッパの正統かつ継続的な平和・安全保障の体制をつくり出すことに成功した。これに匹敵する平和保障の体制をヴェルサイユ条約とジュネーブの国際連盟はつくりだしただろうか。国際連盟（Völkerbund）は真の意味での連邦（Bund）ではないというシュミットの批判は真の平和を保障しないヴェルサイユ＝ジュネーブ国際連盟体制に対する批判と結びついていたのである。その意味において彼の連邦概念は主権国家としての連邦国家の内部構成のみならず、国家間関係をも射程に入れていたのである

シュミットのヴェルサイユ体制批判は保守的なカトリックとしての歴史意識に基づいている。シュミットからみれば、第一次世界大戦までのヨーロッパ史はまさにウィーン体制の解体過程として捉えられる。1830年7月革命そして1848年の3月革命による動揺のなか

からイタリア（1861年），ドイツ（1871年）の二つの国民国家が形成される——はじめにのべたようにこれは同時にローマ教会・教皇庁がその世俗的領土をほぼ喪失する過程であった——。ドイツ統一を主導したビスマルクの外交手腕もあってイタリア・ドイツを加えたヨーロッパ主要国の間には一時的な均衡がつくり出されるが，まさにその弱い環であったオーストリア・ハプスブルク帝国（いわば国民的主権国家の原理が貫徹できずに諸民族の微妙な均衡の上に成立していた）における紛争に端を発する大戦の勃発は，そうした均衡と，それまでのヨーロッパの秩序を最終的に崩壊に導くことになったのである。ヨーロッパの秩序の崩壊，ドイツにおける主権国家の危機，シュミットはその根源を主権国家とその前提としての「政治的なものの概念」にまで遡って追求したのであった。

　そうした観点から見れば，実証主義的国法学へのシュミットの批判も，ビスマルクによるドイツ統一を不動の前提とする彼らのプロイセン的・プロテスタント的観点に対する距離感・違和感に発していることが理解されるであろう。そうしたシュミットの立場からするならば，連邦国家の内部の連邦・支邦関係も，歴史的・国際環境との関係によって大幅に規定されることは明らかであった。シュミットのそうした連邦概念は，「大圏域 Großraum」の秩序としてヨーロッパ・ドイツの法と法学を再編しようとするナチス期から戦後の構想へと連続していくことになる。

4　展望　ナチス支配から第二次大戦後の連邦

4.1　ナチスによるプロイセン問題の「解消」

ライヒとプロイセンとの関係をめぐる問題はワイマール共和制の

もとでは未解決のままにとどまった。ワイマール共和制末期には恐慌とナチスや共産党などの極右・極左勢力の拡大などに対処するために，何らかのかたちでのライヒ政府とプロイセン政府との協力・再結合がその立場の左右を問わず提起されるようになる。また元首相ルターを中心としていわゆる「ライヒ改革」の構想——これはプロイセンを北部諸州として南部の諸邦との差異を付けた上でライヒ・ラント間関係を再編しようとするものであった——が提起されるが，政治的・経済的混乱状況もあり実現にいたらない。1932年7月20日フランツ・フォン・パーペンのライヒ政府は強制執行によりプロイセン政府の権限を停止する（プロイセン陵辱）——プロイセン政府とライヒ政府との争いは国事裁判所へもちこまれる。1932年10月25日の判決はライヒによるコミサールの任命とプロイセン政府閣僚からの職務権限の一時剥奪は合憲としたものの，ラント議会・政府からラントの代表権を剥奪することは認めなかった——。1933年1月ヒトラーの政権掌握，3月授権法に基づく「強制的同質化」政策，翌34年の国家再建法によってラントの高権はライヒに移譲され，邦議会は廃止される。こうしてドイツの連邦制は事実上廃止されることになった。ただしナチス支配のもとでもライヒとラントの再編は実質的には進捗せず，邦の行政機構は残されている。

4.2 第二次大戦後　プロイセン問題の最終解決とヨーロッパ「連邦」

第二次大戦後，冷戦と東西分裂の中でプロイセン問題の最終的解決が行われる。まず連邦共和国の西側との同盟，特にフランスとの関係改善はヨーロッパ統合の前提を形成した。今日のEUがシュミットのいう「連邦」の要件を満たすようになっているかについては

なお検討の余地があるが，国内政治体制に関する一定の同質性の保障の要件は，たんなる「同盟」の域を超える側面を有していることは確かである。他方で構成国と共同体諸機関との関係についてみれば，実証主義的国法学の連邦国家をめぐる諸範疇が一定の限定付で適用できるだろう。ともあれそうした統合の進展には，冷戦という国際環境と，東西分裂により東部（プロイセン）が切り離されたという二重の事情が関与していた。

「壁の崩壊」の後のドイツの再統一は，連邦共和国に旧ドイツ民主共和国の東部諸州が合同するというかたちで成立する。プロイセンを諸州に解消して西部・南部諸邦も整理統合の上で比較的バランスのとれた連邦制を形成するという1918年のフーゴ・プロイスのプロイセン解体・邦再編構想，あるいはワイマール後期の「ライヒ改革」の課題はここで漸く達成されたということができる。

［注］
（1） アメリカでも州と中央政府との関係が最終的に決着を見たのは南北戦争以後であるから，これもほぼ同時代の経験ということができる。
（2） ただしこの時点では教皇領ローマならびにヴェニスは入っていない。イタリアは1870年普仏戦争によってフランス・ナポレオン三世の後ろ楯を失ったローマを占領するが，教皇（バチカン）との関係が公式に決着を見るのはムソリーニ政権下での政教協約である。
（3） たとえば当時ケルン市長であったコンラート・アデナウアーはプロイセンからのライン州の分離・独立を目指していた。かれ自身の構想は共和国・ライヒからの分離独立ではなく，あくまでも共和国内部での邦としての自立にあったが，一部の分離主義勢力はフランス側の支持を受けてドイツからの分離を求めており，アデナウアー自身の政治的位置もそうした戦後の状況の下では微妙な位置におかれざるをえなかった。
（4） この問題はたとえばヴェルサイユ条約で住民投票による帰属が決定さ

れるまで国際連盟管理下におかれたザール地方の法的性格，さらにはそもそも委任統治領の問題（要するにこれは国際連盟の固有の領土ではなく事実上「受任国」の保護領であり植民地である）と関わる。

[文献]

ゲオルク・イェリネク，1974，『一般国家学』学陽書房

カール・シュミット，1972，『憲法理論』創文社

牧野雅彦，2009，『国家学の再建』日本評論社

F・ハルトゥング，1980，『ドイツ国制史』岩波書店

第3章　中央集権国家における道州制
（レジオナリスム）
——フランスの場合

川﨑信文

1　はじめに

　フランスのレジオナリスム（régionalisme）[1]は，すでに構想や実験の段階を終え，公式の制度化を実現して30年近い歴史を経過した。18世紀末のフランス革命以前から存在した地域共同体を基礎とする市町村（commune），フランス革命によって創設された中間団体としての県（départment）につぐ第三の自治体としての州（région）が，1982年の地方分権改革によって誕生した。図1にあるように，州はその区域内に2～8の県を包含し，州内最重要県の県役所所在都市が同時に州の政治・行政首都となり，州議会と州役所を置いている。[2]

　同じ単一国家で，しかも中央集権的な行政制度を抱え，さらに第二次大戦後には県を超える広域的な段階を構想してきた国として，フランスのこのレジオナリスムは日本で道州制が論議される場合，しばしば引き合いに出されるようになってきた（自治・分権ジャーナリストの会 2005）。しかし，そうした類似性とともに，道州制とレジオナリスムにはいくつかの，しかも決定的といってよいほどの

52　第3章　中央集権国家における道州制（レジオナリスム）

図1　フランスの州（括弧内の数字は州内の県数）

- ノル・パ・ド・カレ（2）
- オート・ノルマンディ（2）
- ピカルディ（3）
- バス・ノルマンディ（3）
- ブルターニュ（4）
- イル・ド・フランス（8）
- シャンパーニュ・アルデンヌ（4）
- ロレーヌ（4）
- アルザス（2）
- ペイ・ド・ラ・ロワール（5）
- サントル（6）
- ブルゴーニュ（4）
- フランシュ・コンテ（6）
- ポワトゥー・シャラント（4）
- リムザン（3）
- オーヴェルニュ（4）
- ローヌ・アルプ（8）
- アキテーヌ（5）
- ミディ・ピレネー（8）
- ラングドック・ルション（5）
- プロヴァンス・アルプ・コート・ダジュール（6）
- コルシカ（2）

出所；長谷川 2002 p.167

相違点もある（川﨑2007）。本章では，まずこの国の地方自治制度の概略を描き，ついで上記の違いを生み出したこの国特有の歴史的，社会・経済的，国際的な要因を探り，第三に現行州制度の特徴と課題について論じ，最後に日本にとっての若干の示唆について取り上げてみよう。
(3)

2 フランスの地方自治制度

2.1 三層制

フランスの国土は,本国に限定すれば,およそ36,000の市町村[4],96の県および22の州によって構成されている[5]。ただし,コルス(コルシカ)は1991年及び1992年の立法によって特別の地位と権限を付与されたため,「21州およびコルス」と表現される場合がある(Gohin 2002;432-459, 長谷川 2002;123-141)。また図2に示されるように,こうした区域内にそれぞれ二層の自治体が設置され,いわゆる三層制をとっている。これらは日本の地方自治法の用語で言えば,すべて普通地方公共団体であり,それぞれ住民が議会メンバーを選出し,議長(Président)は議員の互選で選ばれる[6]。3層の自治体のいずれにおいても,議長は同時に当該自治体の執行部の長としての任務を遂行し,こうした統治形態は評議会(conseil)制度と呼ばれている。

もっとも議員の選挙方式は,各層自治体ごとに,また市町村の場合は人口規模によって,それぞれ異なっている。市町村の場合は,基本はリスト(名簿)式投票であり,有権者は各会派が作成したリストのいずれかに投票する。県議会の場合は,しばしばカントン選挙と言われるように,県内の小郡(canton)を単位とした小選挙区制である[7]。この選挙区は農村部に偏重した区割りとなっており,これまで県議会の政治的というよりむしろ社会・経済的な保守性を生み出す主要因だと見なされてきた。後に述べるように,そのことが州という新しい自治行政区域の設定の一因となった。

州議会の選挙制度はその発足以来,州はあくまで「県の連合体」

図2　フランスの政府体系

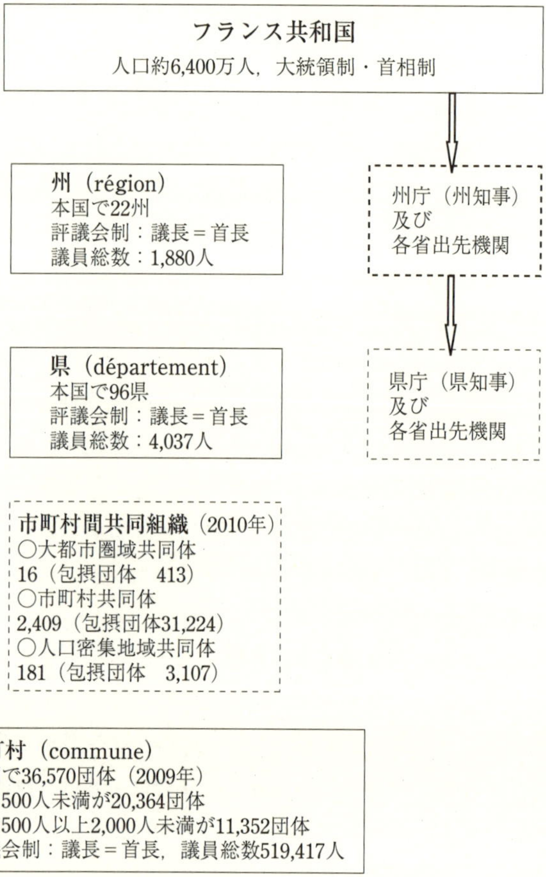

フランス共和国
人口約6,400万人，大統領制・首相制

州 (région)
本国で22州
評議会制：議長＝首長
議員総数：1,880人

県 (département)
本国で96県
評議会制：議長＝首長
議員総数：4,037人

市町村間共同組織（2010年）
○大都市圏域共同体
16（包摂団体　413）
○市町村共同体
2,409（包摂団体31,224）
○人口密集地域共同体
181（包摂団体　3,107）

市町村 (commune)
本国で36,570団体（2009年）
人口500人未満が20,364団体
人口500人以上2,000人未満が11,352団体
評議会制：議長＝首長，議員総数519,417人

州庁（州知事）
及び
各省出先機関

県庁（県知事）
及び
各省出先機関

に止まるべきだとする考え方と，「州としての一体性」を作り出そうとする立場の対立も作用して，これまで二転三転してきているが，この点についての詳細は後述する。

2.2 合併しない市町村

 日本の現時点での道州制論では,都道府県の廃止を前提とした二層制の地方自治体を構築する考え方が多数派である。とすれば,なぜフランスは既存の中間自治体たる県を廃止することなく,三層制を採用したのであろうか。1982年の改革時には,この点では新政権内部にほとんど対立はなかった。県制度はフランス大革命の産物であり,いわば共和主義的行政制度の精華であって,容易に否定できなかったこと,この国の主要政党の地方組織が今なお県単位に組織されていること,さらにこの県を管轄区域とする国の地方出先機関が多かったこと,等がその理由としてあげられる。

 しかし,こうした要因に加えてこの国の基礎自治体たる市町村の膨大な数にも,目を向けるべきであろう。ちょうど現代の日本では,平成の大合併によって基礎自治体の数が減少したことに加えて,この自治段階への都道府県権限の移譲が進行することを前提に,中間団体たる都道府県の「空洞化」,すなわち事務・事業の大幅な減少が語られ,その結果この自治体の存在意義が問われていることとは対照的な関係にある。

 フランスでは,1879年のフランス革命に端を発する近代国家の形成以来220年にわたって抜本的な市町村合併が実現しなかった。大革命当時,およそ44,000の市町村があったと言われるが,今日に至るまでその二割弱が消滅したにすぎない。むろん,政府の側もこの状況を放置していたわけではない。1971年には,内相マルスランが主導して,日本でも採られたような税財政上の優遇など各種の合併奨励策を伴う市町村合併法の成立にこぎ着けたが,その成果はほとんど見られなかった(川﨑 1987;165-169)。以後今日に至るまで市町村合併策は事実上断念され,その代替策として市町村間共同組織

が増加している(岡村 2010；163-206)。基礎自治体が多ければそれを束ねる県という広域の中間団体が必要になるが,この県は数も多く,従って一県当たりの平均人口も日本と比較すればはるかに少なく,それだけ行財政能力に乏しいとなれば,さらにそれを包括する二つめの広域団体を創設しなければならない,という理屈となっても不思議ではない。[8]

それでも,このような地方自治制度の合理的な編成という行政上の理由だけでは,州という第三の自治体の設立に至ることは容易ではない。フランスに限られないが,地方自治制度をめぐる当該国特有の諸条件が州制度の成立を強力に後押ししたと見るべきであろう。したがって以下では,州制度成立を背後から,あるいは側面から促し,推進した要因を探ってみよう。

3 フランスの州制度の歴史的・社会経済的背景

3.1 「多民族国家」

フランスは,実は多民族国家である,という言い方がある。パリ盆地を拠点とした歴代王朝が次第にその版図を拡大し,特にブルボン王朝の時期になって,今日のイタリア,ドイツあるいはベルギーの国境近く,さらには地中海沿岸地方に新しい領土を獲得した。ケルト系の言語をもつブルターニュ地方がフランスの一部となるのは1532年であり,イタリア中部方言に類似する固有言語のコルスに至っては1768年のことである。その結果,いわゆる標準フランス語とは言語系統を異にし,固有の歴史と文化をもつ地域と住民集団を国境の内部に抱え込むこととなった。こうした地域や住民は,中央政府にとっては,いわば潜在的な遠心的勢力となり,政府の側の中央

図3 フランスの地域（州）と言語分布

フランスの地域と言語分布

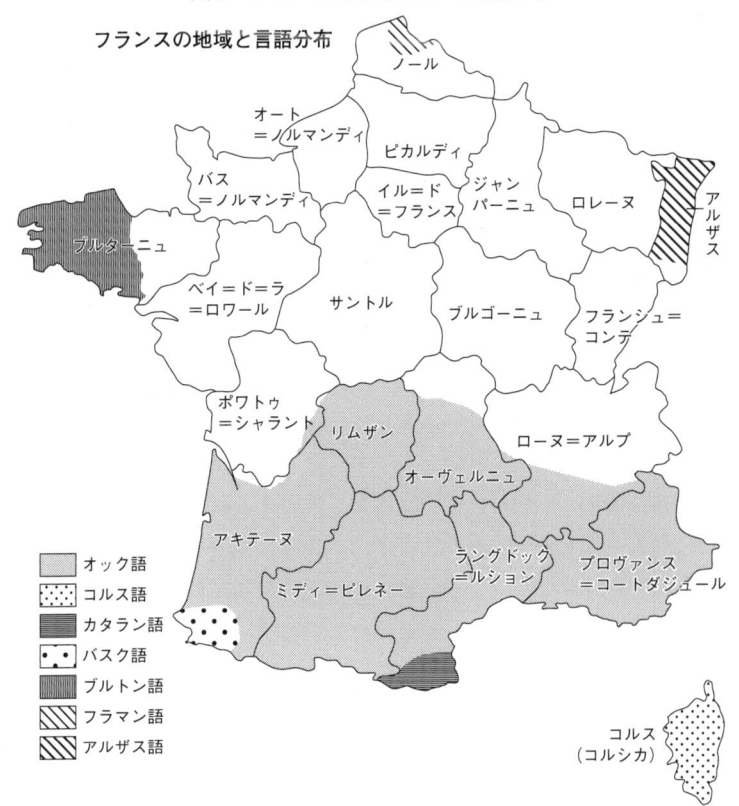

（地図中の地域名）
ノール、オート＝ノルマンディ、ピカルディ、イル＝ド＝フランス、ジャンパーニュ、ロレーヌ、アルザス、バス＝ノルマンディ、ブルターニュ、ペイ＝ド＝ラ＝ロワール、サントル、ブルゴーニュ、フランシュ＝コンテ、ポワトゥ＝シャラント、リムザン、オーヴェルニュ、ローヌ＝アルプ、アキテーヌ、ミディ＝ピレネー、ラングドック＝ルシヨン、プロヴァンス＝コートダジュール、コルス（コルシカ）

（凡例）
- オック語
- コルス語
- カタラン語
- バスク語
- ブルトン語
- フラマン語
- アルザス語

出所）Lafont, 1971b : 102.
出所：宮島・梶田・伊藤『先進社会のジレンマ』有斐閣選書，1985年

集権化への執念を助長してきたと言われる。イギリスの政治学者，ヘイワードはこの歴史的な事情について以下のように述べている。

「フランスは，国民―国家（nation-state）というよりむしろ国家―国民（state-nation）である。国民は国家がつくりだしたもので

ある。その政治体制は、政治的共同体に優位してきたが、この共同体は歴史的にもともと存在してきたものをひきつぎながらも、それをはるかに超えて拡大してきた。フランスは多民族社会におおいかぶさった単一的国家（unitary state）であり、パリの権威は絶対王制下で確立され、（第一・第二）ナポレオン帝制下で、アルザス、バスク、ブルターニュ、カタロニア等々に拡大され、諸共和制のもとで強化されてきた。フランスは数世紀にわたってたぐいまれな同化能力を示してきたが、国民的統一性についての強迫観念に示されているように、そこにはフランスを構成する諸民族を飲みこみはしたが、完全には消化していないのではないかという不安がある」（ヘイワード 1986；35）。

このような国内のエスニック・マイノリティは、第二次大戦後の1960年代以降、パリからの自立運動を展開することになる。こうした運動は、ブルターニュに代表されるように県域を越えた地域の経済振興を目指すだけでなく、当該地域固有の言語に象徴される地域文化の復権を主張することとなった。

1982年に始まる地方分権化政策において、政府は特に1990年代以降、コルスという島嶼領域に特別の法的地位を与え、2003年の憲法改正に際しても第72条で「特別の地位を与えられた共同体」と規定し、その独自性を正式に承認した。同時に、コルスにおいては、公共施設でのコルシカ語の併用、中学・高校における「コルシカ語・コルシカ文化」科目の開講、国営放送コルシカ支局におけるコルシカ語番組の制作など、固有文化の保護・奨励策も進められてきた（長谷川 2002；169-194）。こうしたマイノリティ文化への配慮は、当然他の州でも見られる。ブルターニュでは、交通標識でフランス語と固有言語であるブルトン語の併用が実施され、住民の日常的な

風景の一つとなっているが（小田中 2005；71-94），これもまた1982年以降実現したこの運動の成果の一つと言えよう。

3.2 ジャコバン主義

　この国では，ジャコバン（Jacobins）とかジロンダン（Girondins）といったフランス革命期の政治用語が今なお使われることがある。大まかに言えば，ジャコバンとは中央集権的政治行政原理の信奉者であり，ジロンダンとは，逆に分権的，時には連邦制的原理の主張者であるとされてきた。フランス革命の共和主義原理を継承する正統派はジャコバンであり，その原理に対抗するジロンダンは王党派であり，右翼反動であり，従って革命の裏切り者であると見なされてきた。このような政治理念，あるいは地方自治制度の制度編成の原理をめぐる対立の図式は，前者の圧倒的な優位のもとで20世紀半ばまで継承されてきた。

　そのため，県を超える自治体あるいは行政区域を構想するものはジロンダンであり，フランス国家の解体を企むものであるとさえ指弾されてきた。実際に，19世紀半ばから始まった州の創設を唱える主張は，革命前のアンシアン・レジーム下の旧州（provinces）への郷愁を隠さず，それだけ激しい批判の対象となった。第二次大戦中に成立したヴィシー政権における地域知事（préfet régionale）の設置も，この対独協力の政治体制下であったがために，戦後フランスにおいて「地域圏」の評価を一段と低下させることとなった。

　フランスの県は，革命期にこの旧体制との明瞭な断絶を意図して，その地域の重要都市からどの方向でも馬に乗って二日で往復できる範囲に納まるよう人為的に画定されたという。その上，県の名称もベルギー国境のノール（北）県，大西洋に面したジロンド（ジ

ロンド河）県，ブーシュ・デュ・ローヌ（ローヌ河河口）県といったように山，河川，海，方角といったきわめて人工的な名称を採用している（フランソ・フュレ　モナ・オズーフ編　1999；140-159）。ともに，アンシアン・レジームの旧慣からの決別を意図した措置であった。

3.3　行政的中央集権

帝政期になるとこうして区域割りされ，命名された県に，ナポレオンの代理人ともいうべき県知事（préfet）がパリから赴任し，市町村への後見監督権を行使するとともに自治体としての県の執行部の長として君臨し，まさに県内行政の要となった。これが，19世紀以降南欧を中心としたヨーロッパ各国に伝播し，ついには極東の新興国，日本でも採用された「知事制度（prefectoral system）」の原型である。知事制度は，永らくこの国の行政的中央集権の象徴であった。

しかし，この国の行政的中央集権にはもう一つの側面があった。本来的に知事による統制から免れていた財務省や法務省，あるいは軍の出先はともかく，内務省内の諸部局が分化・独立した省が県においた出先機関は，県内における首相の代理人としての知事の統制に服するという建前をとってきた。しかし，国内行政における技術系官僚集団の威勢を背景とし，その長が「土木知事」という異名をとる建設省の出先を筆頭に，各省は知事の統制・調整権限を回避し，知事の権威を有名無実と化していた。各省ごとの，中央直結縦割り行政の進行である（川崎　1986；151-153）。

1964年の改革，そして地方分権を掲げた1982年の改革も，こうした県や地域圏＝州レベルでの国家機関の活動の水平的調整と活性化

を狙っていたのである。したがって、この知事制度の制度原理は、市町村への後見監督を除いて、1982年の地方分権改革以降も消滅することなく残った。図2で描いたように、各県には地方自治体としての県の行政組織であり、県会議長が率いる新設の県役所（Hôtel du département）とともに、内務省の県内出先機関として県知事が指揮する県庁（préfecture）が存在している。このような制度編成は州においても同様であり、そこには州会議長の率いる州役所（Hôtel de la région）と州知事が統括する州庁（préfecture régional）が併存している。日本とフランスは、地方自治制度としては同じ類型に属するとされてきたが、地方分権化を憲法上の原理としながらも、この点において内務省の出先機関を残存させるフランスと、公式制度上は廃止した日本との違いが際立つことになる（川﨑 2007；130-133）。

3.4 「『フランス砂漠』と欧州統合」

第二次世界大戦終了から間もない1947年のフランスで、地理学者（J.-F. Gravier）が公刊した『パリとフランス砂漠』は、政・官界のみならず、国民一般に対して大きな衝撃を与えた。この書物が告発したのは、単一国家にありがちな首都圏への政治・経済・社会機能の一極集中と、それがもたらす国土の不均等発展である。そこには、二度にわたる世界大戦、特に第二次の緒戦における敗北への痛切な反省があった。ドイツとの工業力の差を埋め、地域間の不均衡を是正するために、パリ圏からの工業の地方分散が求められたが、それは同時にドイツ国境を意識した軍事的な要請でもあった（礒部 2003；57）。

第二次大戦後の高度経済成長が進展する中、1950年代半ばから国

内周辺部に位置するブルターニュ半島, 地中海に面したオクシタニー地方, さらには地中海上のコルス島から, パリの支配からの自立を求める運動が, 時には爆弾テロを伴って現れてきた。いずれも, 固有の言語を含む独自の文化を残し, 同時に北東部フランスを中心とした第二次大戦後の経済発展から取り残された地域である。戦後のテレビの普及に伴って, パリの先進文化・風俗・生活水準が茶の間に直接届くようになると, 否応なしに自らの地域の遅れ, さらには「パリによる収奪」を意識せざるを得なくなった (宮島他 1985 ; 29-92)。

政府の側も, こうした国内の経済的な不均等発展に注目せざるを得なくなった。1958年の EEC (欧州経済共同体) の発足は, 域内国家間の競争という性格も帯び, 特に西ドイツの州制度と比較した場合, フランスの中間団体たる県はあまりにも脆弱と見なされ, その再編成を促す声が, 特に社会経済計画を主管する計画庁からあがってくることとなった。戦後フランスの経済復興の推進力となったこの計画 (Plan) は, 1950年代半ばから「計画の空間化」, すなわち個々の圏域ごとの開発政策の策定という視点をとるようになり, その空間的単位として設定されたのが, 今日の州の地域とほぼ重なる区域である。これは, 当初「地域活動区域」(1960年), そして第4次計画が始まる1964年の改革以降は「地域圏 (région)」と呼ばれるようになった。しかし, そのなかには絶対王制期の州 (province) と地理的に重なるものがあり, 「地域圏」の公式の制度化がフランス革命の成果である「県」を否定しかねないと受け止められる一因となった。

いずれにせよ, 大革命期に区割りされた県の区域は, 第五共和制初期のこの野心的な国家事業の単位としてはあまりに狭小だとみな

されたのである。実際，第二次世界大戦後の間もない時期，有力政治家によって県の合併によって県の数を半減する47の「拡大県」構想も提出されていたが，それも旧州の復活を回避し，それでも県の規模拡大を図ろうとする，政府内「ジャコバン派」の提案であった (Mény 1974；163-164)。

他方で，この「計画の空間化」は，圏域内の県や市町村のみならず，全省庁一丸となった公共投資のための協調的活動を要請する。1964年改革によって各地域圏において国（各省出先機関）と自治体の活動に関する調整権を与えられ，そのまとめ役に指定されたのは，内務省官僚たる地域圏知事（圏内の最有力県の知事が兼務）であり，この知事が主宰する常設の行政連絡会議も設置された。しかし，この地域圏は県や市町村と並ぶ自治体とは認められず，あくまで地域開発政策に特化した行政段階にとどめられた。

3.5 政治的対決の場としての「レジオン」

ところで，この改革は単なる行政改革に止まらない色彩を帯びていた。ドゴール政権は，この時期，県議会を根拠地とする経済的に保守的な地方議員層との対決に乗り出した。この議員層はしばしば「名望家 (notable)」と呼ばれ，この国特有の公選職の兼任によって国会両院に議席を占め（岡村 2010；89-95)，フランス経済の近代化に取り組むドゴール政権に野党として対峙していた。地域圏という新しい行政段階の設定は，地方行政におけるこの勢力の政治的影響力を弱めるという政略的意味も持っていたのである。

そのため，地域圏レベルでこの政治家層を迂回・排除し，地域圏計画の策定のための諮問機関としての「地域経済発展委員会」を設置し，そこに計画当局と直結する，経済的にダイナミックで変革志

向的な社会・経済団体の代表を迎え入れようとした。[13]この目論見は結果的には成功しなかったと評価されているが，後述するように，今日でもこの自治行政段階にだけ公選の州議会と並んで，社会・経済的活動領域の代表によって構成される諮問機関が常設されているのは，このような発足時の事情を継承しているものと言える。

こうした州の活動が注目されるのは，言うまでもなく1967年発足のEC（欧州共同体），さらには1993年成立のEU（欧州連合）という超国家的な政策が展開する場であるからである。とりわけ，域内の低開発地域に対する財政支援を行う構造政策においては，EU当局のカウンター・パートは各国内の広域政府であり，フランスでは州がこれに該当する。また州は，国境を越えた政策連携を展開し，地域開発政策における主役といってよいほどの役割を演じるようになった（久邇 2004；134-156）。

4 現行の「州（région）」制度の特徴

4.1 ナポレオン以来の大改革

上述したように，1964年に設置された地域圏行政組織は，前任のドゴールとは異なり，地方議員への融和の姿勢をとってなお県を超える広域行政単位の設置に及び腰なポンピドー政権期の1972年になって，「公施設法人」という位置づけを得て，次第に国の地方行政体制の中に定着していった。しかし，1981年の大統領選挙で社会党候補，ミッテランが当選し，引き続き行われた国民議会選挙においても左翼政党（社会党・共産党・左翼急進党）の圧勝を経て誕生した左翼連合政権は，当時「ナポレオン以来」の「200年ぶり」の大改革とも評された地方分権政策に取り組むこととなった。

4 現行の「州 (région)」制度の特徴　65

表1　フランスの州の概要（本土およびコルシカ）

【フランス内務省資料：2007年度】

州　名	州内県数	人口（千人）	面積（km²）	州　都
アルザス	2	1,815	8,280	ストラスブール
アキテーヌ	5	3,120	41,308	ボルドー
オーヴェルニュ	4	1,629	26,013	クレルモン・フェラン
ブルゴーニュ	4	3,095	31,582	ディジョン
ブルターニュ	4	3,095	27,208	レンヌ
サントル	6	2,520	39,151	オルレアン
シャンパーニュ・アルデンヌ	4	1,339	25,606	シャロン・アン・シャンパーニュ
コルス	2	294	8,680	アジャッシオ
フランシュ・コンテ	4	1,151	16,202	ブザンソン
イル・ドゥ・フランス	8	11,532	12,012	パリ
ラングドック・ルシヨン	5	2,534	27,376	モンペリエ
リムーザン	3	731	16,942	リモージュ
ロレーヌ	4	2,336	23,547	メッツ
ミディ・ピレネー	8	2,777	45,348	トゥールーズ
ノール・パ・ド・カレー	2	4,019	12,414	リール
バス・ノルマンディ	3	1,457	17,589	カーン
オート・ノルマンディ	2	1,811	12,317	ルーアン
ペイ・ド・ラ・ロワール	5	3,450	32,082	ナント
ピカルディ	3	1,894	19,399	アミアン
ポワトゥー・シャラント	4	1,724	25,810	ポワティエ
プロヴァンス・アルプ・コート・ダジュール	6	4,815	31,400	マルセイユ
ローヌ・アルプ	8	6,021	43,698	リヨン
計	96	61,400	543,974	
参考（2008年10月　人口推計）				
中国地方5県（中国州）	5	7,604	31,914	
広島県		2,870	8,477	

左翼政権は，この二つの選挙に先立って「共同政府綱領」を作成し，その中で県の完全自治体化，市町村に対する県知事の後見監督の廃止等，いわゆる地方分権化政策に加えて，地域圏での公選議会の設置をうたっていた。地方分権化政策の方は，第二次世界大戦後の第4共和制憲法の条文中に記載されていたが，折からの冷戦及び国内冷戦の激化と，アルジェリア及びインドシナの独立運動に進展による政府の弱体化によって実現することなく店ざらしにされ，1958年にはこの政治体制自体が瓦解した（川﨑 1992；243-283）。しかし，1958年に成立した第五共和制は，その新憲法において前憲法にあるこの地方分権化条項を再現することはなかった。

ミッテラン政権が，公選議会の設置によって地域圏をいわば完全自治体に昇格させるという方針を採用したのは，1970年代半ば以降，ソ連東欧型の社会主義体制に対する批判として現れ，社会党内部に有力な潮流を形成し，計画と地域圏の制度化を結びつけた，いわゆる「自主管理社会主義」路線の影響とともに（Mény 1974；47-49），国内のエスニック・マイノリティの運動への配慮もあったと見ることができる。[14]

4.2 それでも小さい州

新政権はこの勝利の熱気の冷めぬまま，翌1982年には「市町村，県及び州の権利と自由に関する法律」を制定し，さらに翌1983年には3層の自治体間の「権限配分法」も成立させ，地域圏は固有の権限，財源および職員を擁する自治体としての州に生まれ変わることとなった。自治体としての州を完成させる議会の設置のための議員選挙は，コルスを除けば，さらに3年後の1986年となる。

しかし，表1でも明らかなように，面積はともかくその住民人口

で見れば、フランスの州は日本で構想されている道・州に比べて決して大きくはない。最近のデータで見ても、別格のイル・ドゥ・フランス（パリ盆地地方・首都圏）を除くと最多の州は、フランス第三の都市リヨンを州都とするローヌ・アルプで、その人口は602万人である。他方で最少は島嶼部のコルスを除けば、リムーザン州の73万人であり、これは島根県のそれに相当する（Ministèle de l'Intérieur 2010）。

1964年の地域圏設定の際、計画庁はより広い圏域を主張したのに対して、内務省がこれに抵抗し、現在の区域が定着した。内務省はジャコバン派の牙城であり、より広い地域圏が隣国ドイツの州と親和性を示すことによって、連邦制にいたるかもしれないという危惧を抱いていたのである（川﨑 1983；171-172）。そのため、今日でもなお、EUという巨大な空間においてフランスの各地域が生き残っていくためには、現在の州の人口規模はなお小さいという再編成の議論がやまず、2009年3月に大統領に提出された「地方公共団体の改革委員会」の報告書では、県および州の再編成が提案された。そこでは、望ましい州の数が単純平均で人口300〜400万人を達成できる15程度とされている（Verpeaux 2009；15-17）。

4.3 州の権限

州は、この国の地方行政制度史上の「異端」に属するという事情もあって、その成立に際してあくまで控えめな自治体であることが求められた。そこには、知事による行政的後見監督に代わって、自治体としての州が県に対して一種の政治的後見監督を及ぼす可能性を排除したいという思惑もあった。州の強大化をおそれる「ジャコバン派」は、野党である保守勢力内のみならず、大統領ミッテラン

表2　国と地方自治体の間の権限配分

	州	県	市町村（共同組織を含む）	国
職業教育・訓練	州政策の決定と実施			一定の国民に対する国家政策の決定と実施
教育	高等学校（建物・職員）	中学校（建物・職員）	小学校（建物）	大学（建物，教職員）・教育政策
文化・社会生活・スポーツ・余暇	文化（文化遺産・教育・発明・博物館・図書館・文書館），スポーツ（助成金），観光振興	文化（文化遺産・教育・発明・博物館・図書館・文書館），スポーツ（施設・助成金），観光振興	文化（文化遺産・教育・発明・博物館・図書館・文書館），児童（託児所・余暇センター），スポーツ（施設・助成金），観光振興	文化（文化遺産・教育・発明・博物館・図書館・文書館），児童（託児所・余暇センター），スポーツ（教育・助成金），観光振興
社会活動・医療		社会扶助の法定給付（高齢者・児童・家族・障害者），社会福祉サービス，医療検診，予防接種，結核予防，母子保護施設，社会保障給付（就職促進最低所得保障等）	社会扶助給付受付・任意の社会福祉事業	社会扶助行政の組織と給付
都市計画			整備基本計画・土地占用計画・土地占用に関する認可	一般利益事業・国家的利益事業・国土整備地方指針
国土整備	州計画の策定，国・州間事業契約	州計画への意見具申と承認	州計画への意見具申と承認	国土整備政策，国・州間事業契約

4 現行の「州 (région)」制度の特徴

	州	県	コミューン	国
環境	州自然公園, 水資源整備管理基本計画への参加	自然公園, 廃棄物 (県計画), 水資源整備管理基本計画への参加	自然公園, 廃棄物 (収集・処理), 上水道 (供給) と下水処理, エネルギー供給	国立自然公園, 水資源, エネルギー (取り締まり, 水資源整備管理基本計画), エネルギー
大規模施設	河川港, 飛行場	海港 (商業・漁業), 飛行場	レジャー港	自治港, 国家的港湾, 飛行場
道路	州計画	県道	市町村道	国道
運輸	州鉄道輸送	都市圏外の陸上輸送・学童輸送	都市圏陸上輸送・学童輸送	規制
情報通信	ネットワーク管理	ネットワーク管理	ネットワーク管理	規制
住宅・居住	出資	出資, 公園, 援助, 居住計画・事務所	出資, 公園, 援助, 地方居住計画	全国住宅政策
経済発展	企業への直接・間接支援	間接支援	間接支援	経済政策
安全		交通, 犯罪防止, 火災, 救急	自治体警察, 交通, 駐車規制, 犯罪防止	一般警察・特別警察

出典：Rapport du Comité pour la réforme des collectivités locales au président de la République, *"il est temps de décider"*, 5 mars 2009

も含めて当時の政府内でもなお多数派であったのである。しかし，控えめということは，必ずしも無力であるということにはならない。特にその権限については，既存の中間・広域団体である県との分業が注目された。現時点での3層の自治体間の分業は，上の表2の通りである。

　ミッテラン政権の結論は，県は主として社会保障，農村地域対策等の地方社会の安定化に貢献する任務を与えられたのに対して，州は欧州統合を睨んだダイナミックな地域経済開発にその任務に重点

を置くという位置づけであった。むろん，管轄区域内企業への経済支援や文化行政などの権限領域はこの2層の団体で分有されており，必ずしもこうした権限配分の方針が明瞭に貫徹しているわけではない（Sadran 2009；25-38）。そこでは，改革時に期待された各層間の権限の相補性ではなく，「競争的な飛び入り自由の乱闘」とも表現される混乱が生じた（Knapp and Wright 2006；380）。

この表2にも見られるように，例えば教育という政策領域においては，その実態はともかく，国を含む4つの段階で截然と分業が組まれていることがわかる。すなわち，市町村は初等教育（幼稚園と小学校），県は前期中等教育（中学校），州は後期中等教育（高等学校）の校舎等の建設・維持及び教員を除く学校職員の人件費をそれぞれ担当し，国は大学を設置・運営する。しかし，この行政領域における分権改革と権限委譲による自治体の「実施における役割の増大は，必ずしもその自律性の強化を意味しない」。というのも「学校の建設・維持費は地方自治体に移管されたが，カリキュラム策定や職員配置などの決定的側面は，なお確固として中央政府の手中にある」からである（Knapp and Wright 2006；378）。

しかし，それ以上に注目すべきは，市町村が都市計画，県が社会保障政策，州が職業教育・訓練，鉄道輸送，国土整備及び経済発展（企業への直接援助）において，それぞれ特化された任務を担当していることである。この特化（spécialisation）は，「権限ブロック」というひとまとまりの特定領域権限を国から各層の自治体に一括委譲するという方針によって実現した。その点に着目してしばしば州は，県のそれが静態的（statique）であるのと対照的に，内政上の動態的な（dynamique）活動団体だと言われるのである。別の見方をすれば，こういう異なる任務を州と県に与えることによって，こ

の二つの自治体の共存を実現しようとしたとも言えよう。

1982年の改革からほぼ20年を経て，翌年の憲法改正を控えて海外も含む26の州において，各界から参加者を集めた「地方の自由」大会が開催された。2003年2月にルーアンで開かれた総括大会では，最後に首相ラファランが演説し，山﨑の紹介によれば，次のように州の任務について言及した。

「県と州の競合の問題について，県は社会福祉や零細市町村の補完行政を通じて，より市民に近くなることでその機能を強化し，州は国との連繫を通じ，地域の統一性と方向付けを行なう戦略を分担しつつ，権限を拡張して他の欧州諸国の州に近づくべきである」（山﨑 2006；184-186）。

この発言のかぎりでも，州創設の初心はなお持続していると理解すべきであろう。

4.4 財　政

しかし，州の財政規模は決して大きくない。日本の場合，国内総支出の政府部門（社会保障基金を含む）のうち，自治体が占める比率は52％（2006年度）に及ぶのに対して，フランスのそれは21％（2008年度）に止まる。国の行政活動総体において，地方出先機関も含む国家機関の果たす役割が日本に比べて遙かに大きいのである。しかも，フランスの3層の自治体と市町村共同組織を含む地方公共団体全体のなかで，県の歳出額が占める割合は31.6％であるのに，州のそれは12.8％（2008年度）でしかない。また公務員数を見ても，地方公務員総数は2007年末で約195万人であるが，そのうち州職員は4.75万人，比率にして2.4％に止まっている（Ministèle de l'Intérieur 2010）。

第3章　中央集権国家における道州制（レジオナリズム）

表3　地方自治体の歳出の構成比（目的別%）

	市町村	県	州
一般行政サービス	24.7	7.2	7.4
治安	3.1	3.5	
教育・文化・スポーツ	31.9	11.3	22.5
職業訓練			18.1
社会福祉・衛生（手当を含む）	9.6	46.8	0.7
インフラ整備・交通・環境	22.4	22.8	44.0
その他	8.3	8.5	7.3

※県と州は2005年の、市町村（人口一万人以上）は2004年当初予算ベース
出所：石田三成「フランスにおける国と地方の役割分担」財務総合政策研究所『要諸外国における国と地方の財政役割の状況』2006年。ただし、自治体の呼称を変えた。

　またこうした数値の内容まで立ち入ってみれば、州の実際の姿と、したがってまたこの自治行政段階に期待された役割が如実に現れてくる。データはやや旧いが、表3にあるように、州が担当する活動領域からすれば当然のことであるとしても、その歳出の半分近くがインフラ整備・交通・環境保全に向けられており、社会福祉・衛生に重点的に支出される県とはいちじるしい対照を見せている。

　しかも、州全体の歳出総額中で投資的経費と経常的経費のそれぞれの比率も、州の特徴を示すものであった。表4が示しているように、1990年代後半にいたるまで州はその発足以来、投資的経費が経常的経費を上回っていた。しかし、1998年を分岐点としてこの比率が逆転している。例えば1997年で見れば、投資的支出は49.9%であったが、これが2008年には35.6%まで低下させている。それでも、市町村とその共同組織の33.6%、県の25.7%をなお上回っている（Ministèle de l'Intérieur 2010）。

4 現行の「州（région）」制度の特徴 **73**

**表4 州財政における投資的経費（◆）と経営経費（■）の変遷
（1995-2007）単位：百万ユーロ**

Evolution en valeur des dépenses d'investissement et de fonctionnement des régions

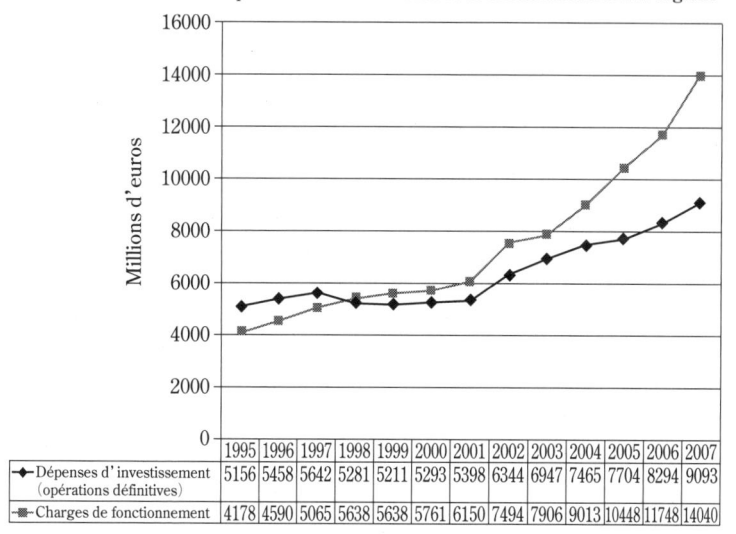

	1995	1996	1997	1998	1999	2000	2001	2002	2003	2004	2005	2006	2007
◆Dépenses d'investissement (opérations définitives)	5156	5458	5642	5281	5211	5293	5398	6344	6947	7465	7704	8294	9093
■Charges de fonctionnement	4178	4590	5065	5638	5638	5761	6150	7494	7906	9013	10448	11748	14040

出所：Ministele de l'Intérieur et de L'aménagement du Territoire, *Les collectivités locales en chiffres 2010*, 2010

　このことは，その職員数にも現れており，1996年には22の州の職員総数は8,657人であったが，これが2007年には5.9倍の47,513人にまで増加した。単純平均で職員が2,000人規模の州役所となったのである。この時期の，地方公務員の総数は全体的に増加しているが，同じ時期に市町村とその共同組織の場合は1.2倍，県が1.5倍にとどまっているのを見れば，州職員の増加はいちじるしいものがある（Ministèle de l'Intérieur 2010）。

　州制度の発足後，「州議会は県議会の予算規模の大きさを羨む。県議会は州の財政的柔軟性に嫉妬する」という声がよく聞かれた。

しかし，2003年に始まる「地方分権の第二幕」は，翌2004年以降，国から自治体への権限委譲に取り組み，関連する職員の移管も随伴した。このことが，上記の職員増の直接の原因である（Siat 2009；544-545）。州はその創設時に，軽量ではあるがダイナミックな活動内容を持つ自治体であることを望まれたために，次第に鈍重化していくという非難を受けてきた。しかし，上記のラファラン演説にあるように，州はなおその制度化に際して与えられた使命を遂行するために，その基本的な性格をなんとか維持していると言えよう。

4.5 議会と「社会経済評議会」

上述したように，州は他の二段階の自治体と同様に評議会型の議会を置いているが，同時にその出自の事情を反映し，この段階に特有の任務に対応した独自の諮問機関を設置している。

まず議会をみれば，その選挙制度の変遷が，フランスの地方自治制度総体におけるこの自治体が占める位置を如実に示すものとなっている。すなわち，州はあくまで諸県の，しかも緩やかな連合体に止まるべきか，それとも諸県を統合し，それらを超越した政治共同体に進化していくべきかという，その創設以前から現れていたこの自治体の基本的な性格をめぐる路線対立である。1986年に最初の議会選挙を実施した際は，人口比に応じた議席配分をもとに県別の比例代表制（拘束名簿一回投票式単純比例代表制）を採用した。そのため最初の集会において，議員はそれぞれ県ごと着席し，なお州意識が未熟なことを露わに示した。

しかしその時以来，選挙制度は変遷する。まず，三回目の州議会選挙が行われた翌年の1999年には，州全体を選挙区とする，それも二回投票制への改正が行われ，次の2004年の選挙から適用されるは

表5　市町村議会選挙の投票率 (1959-2008)

(棒グラフ左側が第1回投票，右側が第2回投票)

participation-élections municipales

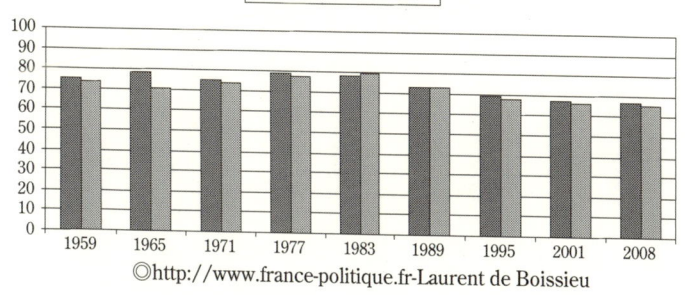

■1 er tour ■2nd tour

©http://www.france-politique.fr-Laurent de Boissieu

表6　県議会選挙の投票率 (1961-2008)

(棒グラフ左側が第1回投票，右側が第2回投票)

participation-élections cantonales

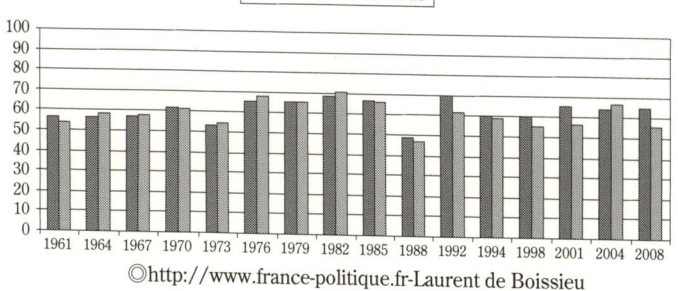

■1 er tour ■2nd tour

©http://www.france-politique.fr-Laurent de Boissieu

ずであった。ところが，2002年の国民議会選挙で右派が勝利し，翌2003年になって新制度の実施を見ないまま再度改正が行われることとなった。

現行の制度の概要は，次の通りである。1．フランスの各級選挙

表7 州議会選挙の投票率 (1986-2010)

(棒グラフ左側が第1回投票,右側が第2回投票)

participation - élections régionales

■1 er tour ■2nd tour

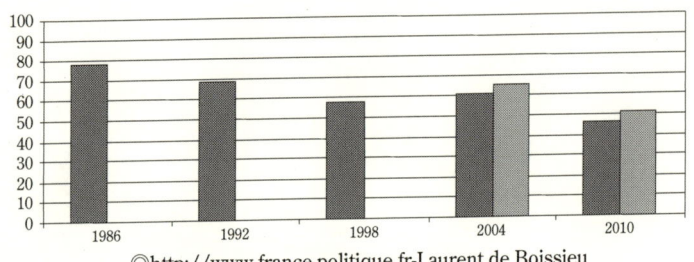

©http://www.france-politique.fr-Laurent de Boissieu

でも見られる二回投票（決選投票）制が採用されている。2．二回目の投票に進出できる名簿（政党）は，一回目で10％以上の得票が必要である。3．選挙区は州全体とする。4．しかし議席の配分については，いったん各政党（名簿）が獲得した票数によって政党ごとの議席数を決め，その後に各政党が各県で得た票数に応じて県ごとに配分される。そのため，政党の名簿は県単位で作成する。5．最多の票を得た名簿（政党）には，比例配分前に定数全体の25％が与えられるという「多数派プレミアム」が導入された。

選挙制度のこのような極端な変動には，さしあたり以下のような三つの背景が考えられる。まず，強力な多数派＝執行部の出現を未然に阻止するために比例代表原理を導入した。次に，有権者と候補者との心理的距離を縮小させるために，県単位の議席配分を行った。第三に，それでもなお州の執行部の政治的安定も求められ，二回目の投票に参加できる名簿に障壁を設け，「多数派プレミアム」という特権を第一位の名簿に与えた（山﨑 2006；104-109, 山下

2007；132-147）。

　表7によれば，最初の選挙の際に80％近くに達した投票率も，その後は漸減傾向に陥っていたが，現行の制度が適用された2004年には，特に第二回投票において持ち直し，そのかぎりで有権者の関心を喚起したと言えるであろう。しかし，左翼が圧勝した2010年春の選挙においては，再び投票率は低下した。また，ほぼ70％から80％超の数値を示す大統領選挙，最近は60％辺りと漸減傾向にある国民議会は別として，表5，6にあるように県議会，及び市町村議会の各選挙の投票率と比べると，州議会のそれが低位に甘んじていることは否めない。

　それでも，州議会議員はその年齢，性別及び職業において県議会や市町村長のそれとは異なる風貌を示している（岡村 2010；84-89）。すなわち，議員の年齢でみれば，40歳未満は県議員で4.2％，市町村長で3.8％，州議員で7.9％，60歳以上がそれぞれ45.0％，42.2％及び33.9％となっている。女性の議員・市町村長の比率は，県議員12.4％，市町村長13.9％で，州議員の場合実に48.6％と半数近くに達する。(17) 社会・職業的属性で測れば，市町村長で最多の集団は退職者で32.4％，県議員の場合は管理者・上級知的職業で31.4％，州議員も同じ集団で35.6％となっている。ただ，県議員と州議員における第2，第3の集団を見ると，県議員の場合第2位が退職者で26.5％，第3位が中間的専門職で14.8％であるが，州の方は第2位が中間的専門職で17.5％で第3位が退職者の10.8％となっている（Ministèle de l'Intérieur 2010）。以上まとめて言えば，3層の自治体の政治エリートのなかで，州はもっとも若く，女性の比率も高く，また職業的にもダイナミックな色彩を強く帯びている，となろう。

　ところで，州はなお自治体としての地位を得ていなかった1972年

に，1964年に設置された地域経済発展委員会の後継機関として経済社会評議会（conseil économique et social régional）を付置し，1982年の自治体昇格後も引き続き，この評議会を存続させている。その委員数は，州ごとに人口規模に従って40人〜110人であるが，委員の構成については特有の方法を採用している。すなわちその35％は企業・経営者代表，次の35％は被用者代表，25％は州内の多様な協同活動団体の代表，残りの5％が州内有識者となっている。

では，この評議会の任務は何か。州議会議長ないし担当委員会の長の諮問に応じて，州の権限領域に関するすべての事項に意見を具申することである。さらに，以下の事項については，関連文書がこの委員会に義務的に付託されることになっている。すなわち，全国計画の州内における策定と実施，州の計画案と年次実績，州の予算案，および議会が審議を求められる政策領域に関する一般方針である（Gohin 2002 ; 328-333, Auby, Jean-Bernard et als. 2004 ; 129-130）。

市町村や県の議会には設置されていないこの諮問機関は，明らかに州という広域自治体の創設の意図を表明するものとなっている。職業訓練，インフラ整備，さらには企業への直接支援といった経済発展の戦略的領域において，地域住民の代表ではあるが，同時にそうであるからこそ地元利益の追求に追われがちな州議会議員とは異なる視点と発想を持つ，そして県という地理的単位を超えた構想を提起することが期待される，そういう役割をこの委員会が担っているのである。

5　おわりに

2003年はフランスの州にとって，1982年に次ぐ大きな節目となっ

た。この年の憲法改正以降の相次ぐ改革は，しばしば「地方分権の第二幕」と称されるように，この政策領域において大きな進歩を見せた。とりわけこの改正では，憲法第1条の中に「フランスは，地方分権的に組織される」という文言を加えて，単一不可分の共和国における新たな国家像を提示するとともに，第72条においてはフランスの憲法史上初めて，州を市町村や県と並ぶ「地方公共共同体 (collectivité territoriale)」と位置づけた。このことは，フランス革命時以来200年以上にわたって，この国の国制において正統な扱いを受けて来なかった，県を超える地方公共団体にとって画期的であった。

それでも，これまで見てきたように，フランスで1982年に州が第三の自治体として成立した背景には，この国に特有の歴史的，社会・経済的，あるいは政治・行政的な事情があった。その中で特に注目すべきは，1982年の改革を実現させた政治的エネルギーである。地方自治制度に限らず，およそ平時に企図される行政改革は至難の業である。近代日本における大改革が，明治維新，第二次世界大戦での敗戦と連合軍による占領といった非常時に行われたことが，その難しさを明らかにしている。

フランスの場合，そうした非常時に匹敵するようなエネルギーとなったのが，社会党大統領の誕生と，社会・共産両党の総選挙における圧勝およびそれに伴う社会変革を求める熱気であり，またこの両党を中心とする左翼共同政府綱領に盛り込まれた国内のエスニック・マイノリティの自律願望と運動（レジオナリスム・エトニック）への配慮であった。これに加えて，ヨーロッパ共同体の進展と域内競争の激化という「外圧」の強さも無視できない。

日本で道州制を具体的に構想するとすれば，その制度の内容を精

80　第3章　中央集権国家における道州制（レジオナリスム）

緻に練り上げるに止まらず，その実現のために醸成・動員すべき制度外エネルギーを何に，あるいはどこに求めていくのかが，真剣に問われることとなろう。

［注］
（1）　レジオナリスムとは，フランスにおいて県を超える広域の行政制度の創設を構想し，主張する思想と運動を表現する言葉である。この言葉の由来は，レジオンにある。レジオンの訳語は，これまで地方，地域，地域圏，そして州という風に多様であった。それはこの区域の政治・行政上の性格に由来する。1972年には，州知事（地域圏知事）に対する諮問機関的な会議体が設置されたが，1982年に至るまでは，地域圏（県）知事が内務官僚であったことにも示されるように，もっぱら国の行政区域という性格が強かったために前3者が用いられ，1982年以降は後2者が使用が増えてきている。本稿では，主として「州」を用いるが，今日でもなお「地域圏」を採用する論者は，アメリカやドイツの連邦制における州との相違と区別を重視していると思われる。また，このレジオンを地理的単位とする行政活動の制度化の試みは，レジオナリザシオン（régionalisation）と呼ばれる。
（2）　1982年の地方分権化改革によって従来の県庁（préfecture）事務機構の権限と職員は分割され，一方が県会議長率いる自治体としての県の事務局としての県役所（Hôtel du département）に，他方が県知事率いる内務省の純然たる出先機関としての県庁にそれぞれ所属することとなった。言い換えれば，県役所は自治体の事務組織であり，県庁は国の行政機関である。
（3）　日本の道州制論とフランスのレジオナリスムの相違点については，次の拙稿を参照のこと。（川崎 2007）
（4）　フランス共和国の領土は，地中海に浮かぶコルシカ島を含む本国の他，海外にも存在し，そこには州，県及び市町村がある。2005年の時点で，海外領4，海外県（州の地位も同時に保有）が4，そして市町村が214存在する。海外にある自治体に関しては，その歴史的，地理的事情を

勘案して様々な特例が設けられている（山﨑 2006；65-68）。
（5） フランス全体の市町村数は厳密には，2010年初頭で海外の領土を含めて36, 682になる。
（6） 市町村の場合，通常はリスト（候補者名簿）式投票におけるリストのトップに名を記載されている候補者が，事実上議長の，従ってまた首長の候補者である。
（7） 各県内には小郡と並んで大郡（arrondissement）があるが，これは戦前の日本にあった郡にほぼ対応するものであり，公式制度上は郡長（副知事 sous-préfet）が担当する国の県内行政区域である。
（8） 1982年の地方分権改革当時，人口で最少の県は7万人にすぎず，最多の県でも260万人程度であった。そうした人口構成は，30年近く経過した今日においても基本的に変わらない。
（9） ジャコバン派とは，フランス革命期にブルターニュ出身の議員によって構成された政治結社で，パリのジャコバン修道院を本拠としたのでそう呼ばれ，他方でジロンド派は，同じく革命期に南西部ジロンド県出身議員が多数を占めた政治集団であり，この名が付いた。両者の対立の実態を明確に整理することは容易ではないが，19世紀以降の政治論争の中で一般的に，政治・行政権力の集中を唱えるものがジャコバン，逆に地方分権的な立場をとれば，ジロンダンというレッテルを貼られることとなった
（10） そのため，1982年の州制度の成立後は，地方分権化改革を推進したが，決してジャコバンであるという立場を放棄しない政治家や論客を指すために，ジャコバンとジロンダンを併せた合成語であるジャコンダン（Jacondins）という言葉も生まれた。また，19世紀後半以降のレジオナリスムの動向については，次の文献を参照のこと。（滝沢 1984；149-164）
（11） 日本の明治国家の場合は，廃藩置県の際，多くの旧藩名がそのまま県名となったのは72県中，薩長土肥の鹿児島，山口，高知，佐賀を初めとする13県であった。この措置については「朝敵藩」「曖昧藩」に対する一種の報復・懲罰の意味も込めて県庁所在地名と県名を異なるものとしたという説もあるが，勝田はむしろ，「人心一新」「旧習一掃」という新政府の意図・方針を重視する（勝田 2000；201-204）。いずれにせよ，フランス革命時のそれと同様，旧体制との断絶を中間団体の呼称変更によって国民に

自覚させようとしたことは明らかである。

(12) このようなパリへの一極集中への懸念は持続し、政府は1990年代半ばには、従来の地域開発政策に加えて国家機関の地方移転に取り組むことになり、なかでも行政エリート養成機関である国立行政学院のストラスブールへの移転は、国会で激しい論争の対象となった。今日でさえ、パリ地域にしか住むことのできない国民を指す「フランシリアン」という言葉があるように、政治・行政は言うに及ばず、この国の首都が占める社会・経済・文化上の地位は圧倒的である。1994年、地方移転を進めようとしたミッテラン大統領は、この方針がパリ勤務の所属職員の反対によって遅々として進まないことに業を煮やして、「フランスの地方は、カラハリ砂漠ではない」と叫んだほどである（川﨑 1995）。

(13) 従って、地域圏（州）段階の創設は単なる行政改革に止まらず、政権政党と野党の間の政治的対決の賭け金でもあった。第5共和制初代大統領、ドゴールは1969年には野党勢力との政治的決戦に挑んだ。地域圏の自治体昇格と上院（元老院）の廃止を国民投票にかけ、敗れたドゴールは政界を去ることになった。元老院は、地方議員の間接選挙によって議員の選出が行われ、こうした守旧的政治勢力の牙城であった。ドゴール退陣後の大統領は、こうした地方議員層と対決を回避した。

(14) 自治体としての州制度の創設に関するこの運動の影響については、消極的な見解がある（岡村 2010；40）。両者の因果関係の強弱を測定することは容易ではないが、地域の固有言語を中心とした文化の復権が本格的に始まるのは、やはり、1982年の州制度成立以降のことである。

(15) コルシカは当初、プロヴァンス・アルプ・コート・ダジュール・コルス地域圏に属していたが、1970年に分離し単独の地域圏となった。当時のコルシカは全島で1県、人口わずか20数万人であったが、1975年にはこれを二分割し、「上部コルシカ」と「南部コルシカ」という二つの県を新設した。この分割は19世紀初頭以来の措置であるが、一つの地域圏＝州には複数の県が存在しなければならないという原則に律義であったというべきか（Gohin 2002；434-435）。

(16) この報告書では、名指しこそされなかったが、県の再編、つまり合併も示唆されている。

(17) ただし，1999年に成立したパリテ法（候補者男女同数法）は，人口3,500人未満の市町村議会議員と県議会議員には適用されていない。このことが当然，州議会議員の女性比率を高めていることを予想させる（山﨑 2006；274-278）。

［文献］

Auby, J-B. Auby, J-F. Noguellou R. 2004 *Droit des collectivités locales*, PUF

フランソワ・フュレ　モナ・オズーフ編（河野健二・阪上孝・富永茂樹監訳，1992＝1999『フランス革命事典　4　制度』みすず書房

Gohin, Olivier 2002 *Institutions Administratives 4ême êdition*, LGDJ

長谷川秀樹 2002『コルスの形成と変容―共和主義フランスから多元主義ヨーロッパへ―』三元社

ヘイワード，J・E・S（川﨑信文・岩本美砂子・古川都訳）1984『フランス政治百科　上』勁草書房

磯部啓三 2003「フランスの地域構造―フランス砂漠への眼差し―」松原宏編『先進国経済の地域構造』東京大学出版会

自治・分権ジャーナリストの会 2005『フランスの地方分権改革』日本評論社

勝田政治 2000『廃藩置県「明治国家」が生まれた日』講談社選書メティエ

川﨑信文 1983「フランスにおける地域改革――一九六四年改革の成立と展開―」『法政論集』第九五号

川﨑信文 1987「フランスの地方自治」　中木康夫編『現代フランスの国家と政治』有斐閣選書

川﨑信文 1992「フランスにおける戦後地方制度改革と冷戦―第四共和制憲法第十章をめぐって―」石井修編著『1940年代ヨーロッパの政治と冷戦』ミネルヴァ書房

川﨑信文 1995「フランスにおける国家機関の地方移転（1990-94）」『季刊行政管理研究』No. 69, （財）行政管理研究センター

川﨑信文 2007「レジオナリスムと道州制：比較上の留意点についての素描」『広島法学』第31巻第2号

Knapp, Andrew and Wright, Vincent 2006 *The goverment and politics of France 5th edition* Routledge

久邇良子 2004『フランスの地方制度改革』早稲田大学出版部

Mény, Y. 1974 *Centralisation et décentralisation dans le débat politique français (1945-1969)*, LGDJ

宮島喬・梶田孝道・伊藤るり 1985『先進社会のジレンマ』有斐閣選書

Ministèle de l'Intérieur et de l'Outre-Mer et des collectivités territoriales 2010 *Les collectivités locales en chiffres 2010*

http://www.dgcl.interieur.gouv.fr/sections/a_votre_service/statistiques/collectivites_locale/les_collectivites_lo3454/view,

岡村茂 2010『フランス分権化改革の社会学』法律文化社

小田中直樹 2005『フランス 七つの謎』文春新書

Sadran, P. 2009 "La répartition des compétences entre les collectivités : quelle clarification?" *Regards sur l'actualité*, No. 351

Siat, Guy 2009 "Enseignement-Formation", dans GRALE, *Annuaire 2008 des collectivités locales*, CNRS EDITIONS

滝沢正, 1984『フランス行政法の理論』有斐閣

Verpeaux, Michel 2009 "Le rapport Balladur et les nouvelles structures territoriales", *Regards sur l'actualité*, No. 351

山﨑榮一 2006『フランスの憲法改正と地方分権―ジロンダンの復権―』日本評論社

山下茂 2007『フランスの選挙―その制度的特色と動態の分析―』第一法規

第4章　複合国家イギリスの成り立ち

山　田　園　子

1　はじめに

　本章では，国の成り立ちにおいて，日本とはまったく異なる一つの事例について考える。とくに，イギリスと日本で通称される国の成り立ちについて，歴史的な検討をおこなう。

　以下「2　複合国家にかんするクイズ」では，講義を聴き本書を読み進める際のねらいを，講義時の受講生あるいは読者に自覚してもらうために，クイズ問題を出す。クイズの解答解説を進める形で，「3　用語の解説」は講義タイトルに登場する複合国家，イギリス，さらにブリテンという用語について解説し，「4　ブリテン形成史」は複合国家としてのブリテンの成り立ちを歴史的に説明する。「5　イメージ上のブリテン」は画像を想定しつつ，複合国家ブリテンのイメージをどうやって人々に把握させようとしていたか，その試みの一端を紹介する。版権の都合上本書では画像を印刷できないが，本書を用いる講義時にはPC等からスクリーンに投影した画像をもとに説明をおこなう。「6　おわりに」では，ブリテンの事例から日本の道州制論議に参考となる課題を提起する。

86　第4章　複合国家イギリスの成り立ち

　本章末尾に関連史料を原文で掲載した。歴史に関心のある方には読んでもらいたい。[文献]では，本章に関連した参考文献として，図書館や社会科学研究科資料室で閲覧の容易なもの，文章的に読みやすいものを掲載しておいた。

2　複合国家にかんするクイズ

下の各文章のうち，正しいものを選びなさい。正しいものは一つとは限らない。
1　通称イギリスと称される国に統一サッカーチームは存在しない。
2　通称イギリスと称される国の日本語正式名称は大英帝国である。
3　イギリスを日本語で英国と表わす場合，英国は本来はグレートブリテン島全体を指す。
4　アイルランド島は島全体が独立し，全体がイギリスとは別個の一つの国家をなす。
5　通称イギリスと称される国に正式の国旗は存在しない。

正解は本章末尾の[注]に書かれている。[1]

　なぜそれらが正解なのかという説明として講義を聴き，以下を読み進めてもらいたい。

3 用語の解説―複合国家 イギリス ブリテン―

複合国家（composite states）とは，複数国の結合で成り立ち，対外的に一つの国と見なされる国のかたちを指す。イギリスと日本で通称されるものは複合国家に該当し，正式名称は「グレートブリテンおよび北アイルランド連合王国」（United Kingdom of Great Britain and Northern Ireland），略せば「連合王国」（United Kingdom, UK）である。

したがって，クイズ「2 通称イギリスと称される国の日本語正式名称は大英帝国である」はまちがいである。大英帝国の部分が誤りで，正式名称は上のようになる。大英帝国は植民地支配が当然視されていた19世紀から20世紀半ばまでの通称である。

現在の「連合王国」は，グレートブリテン島にあるイングランド England, ウェールズ Wales, スコットランド Scotland の三国，及びアイルランド島北部の北アイルランド Northern Ireland から成り立つ複合国家である。

イギリスという語は本来は，グレートブリテン島の南部を占める複合国家の一国であるイングランド（England）を指すにすぎない。したがってクイズ

図1

「3 イギリスを日本語で英国と表わす場合，英国は本来はグレートブリテン島全体を指す」はまちがいで，本来はグレートブリテン島の南部だけを言う。日本ではイングランドに「英吉利」の漢字，そして「イギリス」というカタカナが使われる。漢字名をもとに「英国」という語も今なお使用される。イギリスや英国と言う語は不正確，かつその意味が曖昧とはいえ，「連合王国」に相当する呼称として日本で定着している感がある。本章のタイトル「複合国家イギリス」は，通称名を意識して「イギリス」という語を使ったが，厳密に言えばまちがった呼称である。

　本章では，「イギリス」と日本で通称される国について，正式名称の「連合王国」または単に「ブリテン」という語を用いる。近年，研究者の間では，不正確な呼称を避けて，また「連合王国」形成の歴史的実態を重視して，「ブリテン」という語を使うことが増えてきた。イギリス史のかわりにブリテン史と呼ぶことも目立つ。イギリス史と言えば，厳密には，イングランドだけの歴史になってしまうからである。「ブリテン」という語自体も多様な含みをもって使われるが，地理的には，グレートブリテン島を含め「連合王国」をなす島々であるブリテン諸島（British Isles）にかかわる。ブリテン史と言えば，イングランドはもとより，ウェールズ，スコットランドやアイルランドの歴史を含み，それらの相互関係も視野に入ってくることになる。

4　ブリテン形成史

　複合国家ブリテン，連合王国という国のかたちができるまでの経過を，アイルランド，ウェールズ，スコットランドという順序で説

明する。ブリテン形成過程での複合や連合は，各国の対等な連携というよりも，イングランドの支配下に他国を置くというのが主な実態だった。

4.1 アイルランド

　イングランドがウェールズ，スコットランドとアイルランドの併合を試みる（立場をかえれば，これらの国々がイングランドによって侵略・征服される）目立った動きは，12世紀アイルランドに始まる。当時のアイルランド島では五人の地域支配者が争い合い，それに乗じてイングランド王ヘンリー2世が，1171年にアイルランド島の最高領主（Lord of Ireland）として領有権を主張する。さらに，1541年にイングランド王ヘンリー8世は最高領主にとどまらず，自身をアイルランド王と称するに至り，アイルランドは王国となり，アイルランドの民はイングランド王にしてアイルランド王である者の臣民となる。17世紀半ばになると，革命により王にかわってイングランドの支配者となったオリヴァー・クロムウェルの下で徹底した植民地化が進められ，1801年にはアイルランド王国はグレートブリテン王国に併合されて United Kingdom of Great Britain and Ireland が成立する。

　その後，1922年にアイルランド島南部がアイルランド共和国として独立して，北アイルランドだけが連合王国内に残り，1927年に正式にグレートブリテンおよび北アイルランド連合王国が成立する。アイルランド島北部が独立しなかった理由としては，1801年の併合以降アイルランドにおいて，独立支持のナショナリストと対英協調のユニオニストとの対立があり，北アイルランドはグレートブリテン島からの植民者が多く，ユニオニストが強力な地域だったことを

指摘できる。したがって，クイズ「4 アイルランド島は島全体が独立し，全体がイギリスとは別個の一つの国家をなす」はまちがいである。独立してイギリスとは別個の国家となったのは，アイルランド島の南部だけであり，北部は連合王国としてグレートブリテン島と合体した。

4.2 ウェールズ

ウェールズがイングランドの支配下に置かれたのは，1284年エドワード1世の治世時である。エドワード1世は後にエドワード2世となる長男に「プリンス・オブ・ウェールズ」の称号を与え，これをもとに連合王国の皇太子は現在でも Prince of Wales と呼ばれる。1536年の合同法（Act of Union, Act for laws and justice to be ministered in Wales in like form as it is in this realm）により，ウェールズは正式にイングランドに併合される。法のタイトルどおり，ウェールズは国ではなくイングランドの一地域として，イングランドの法制度や統治機構が適用された。

4.3 スコットランド

スコットランドはかつては王を擁する独立王国（Kingdom）であり，南部王国イングランドと戦争を繰り返していた。しかし，スコットランド王として1567年に即位したジェイムズ6世は，1603年にイングランド女王エリザベス1世が亡くなると，イングランド王かつアイルランド王ジェイムズ1世としても即位する。これにより，イングランドとスコットランドは共通の王をもつが，異なる政府と議会を持つ同君連合となる。その後スコットランドは，1707年の合同法（Act of Union, Act ratifying and approving treaty of the two

Kingdoms of Scotland and England) により，グレートブリテン連合王国（United Kingdom of Great Britain）としてイングランドと連合する。

4.4 略年譜

イングランド，アイルランド（北アイルランド），ウェールズ，スコットランドは，元は独自の風土，言語，民族，文化，宗教，法体系等を抱えた国々であったが，それらが一体化して現在のように「グレートブリテンおよび北アイルランド連合王国」となっている。複合国家ブリテン，連合王国の成立経緯が年次で分かるように，複合国家成立の略年譜を以下に記す。

複合国家成立　略年譜

1171年　イングランド王ヘンリー2世がアイルランド島の最高領主（Lord of Ireland）として領有権を主張

1536年　イングランドとウェールズ間で合同法（[史料] 1）

1541年　イングランド王ヘンリー8世は自身をアイルランド王と称する（[史料] 2）

1603年　イングランドとスコットランドの同君連合（[史料] 3）
　　　　スコットランド王ジェイムズ六世がイングランド王ジェイムズ一世に

17世紀半ば以降
　　　　オリヴァー・クロムウェルの下でアイルランドの植民地化が進む

1707年　イングランドとスコットランド間で合同法（[史料] 4）
　　　　　　　　　　　　　United Kingdom of Great Britain

1801年　グレートブリテン王国にアイルランド王国併合
　　　　　　　　　United Kingdom of Great Britain and Ireland

1927年	1922年のアイルランド南部独立により，北アイルランドが連合王国に残る United Kingdom of Great Britain and Northern Ireland この名称で現在に至る（略称「連合王国」，UK）

5　イメージ上のブリテン

　連合王国としての一体化の努力を，イメージ（画像）の上でも見ることができる。主に連合王国の旗の成り立ちを中心に，一体化イメージの工夫を考える。ただし，連合王国では法で定められた国旗は存在せず，慣習的に複数の国を表現した連合旗（ユニオン・フラッグ）が使われる。したがって，クイズ「5　通称イギリスと称される国に正式の国旗は存在しない」は正解である。連合旗のことをユニオン・ジャックとも言うが，ジャック（Jack）は，一説には，小ぶりの船首旗を意味する海事用語とされる。ユニオン・ジャックは軍艦等の船に海上で掲揚された場合の名称であり，同じ旗でも陸上ではユニオン・フラッグと呼ばれる。

5.1　ユニオン・フラッグの成り立ち

　旗の成り立ちについて，ユニオン・フラッグの成り立ちを説明する。17世紀初頭のイングランドとスコットランドの同君連合時代に，イングランドの国旗（守護聖人聖ジョージの十字，白地に赤十字）とスコットランドの国旗（守護聖人聖アンドリューの十字，青地に斜め白十字）が合体する。さらに，グレートブリテンおよびアイルランド連合王国が成立した際，アイルランド国旗（守護聖人聖パトリックの十字，白地に斜め赤十字）が組み込まれて，現在に至る。

5.2 ウェールズを組み込んだ案

ウェールズは,他国に先駆けて早くからイングランドと一体化していたので,ユニオン・フラッグとしてウェールズ旗(白と緑の背景に赤い竜)は組み込まれなかった。だが,これにはウェールズの人々の不満が根強く,2007年に新聞社のデイリー・テレグラフがウェールズ旗を取り入れた新しい連合王国旗の試案を募集した。これには日本からも案が複数出された。ウェールズの竜を強調した日本案は人気投票で上位を獲得したと言われる。他にも多くの案があり,例えば,アイルランドグリーンの十字とウェールズの竜を組み合わせたものがある。これらの提案はあったが,この試みでユニオン・フラッグを変更するには至っていない。

5.3 皇太子紋章に見る複合国家

連合のイメージは連合旗だけでなく,王の紋章その他にも表現され,そちらの方でウェールズのイメージを,また連合旗よりも早くアイルランドのイメージを取り込んでいるものがある。例えば,皇太子(Prince of Wales)の紋章にはウェールズの竜が組み込まれる等,複合国家のイメージが成立していることを確認しよう。実際の講義時には皇太子(Prince of Wales)の紋章画像を見ながら説明するが,ここでは紋章画の特徴だけを番号をふって述べておく。番号は講義時の説明の便宜となる。

1 複合国家ブリテンの頂点にイングランド王家を表わすライオンが立つ。
2 身分を表わす Mantling マントが描かれ,王族として,金色のふかふかの毛皮が使われる。

3 皇太子を示す兜・ヘルメットが描かれる。
4 右側にスコットランドを象徴するユニコーン(白馬)が描かれ、スコットランドが組み込まれる。しかも、危険な動物として、鎖につながれている。
5 中央に小さい盾があり、ウェールズを示す古い紋章で4頭のライオンが描かれる。
6 右下に赤い竜が描かれ、ウェールズが組み込まれる。
7 下の字のある帯には、皇太子のモットー ich dien が書かれる。I serve のドイツ語である。
8 下中央に、皇太子にだけ許されるコーンウォール爵位の紋章である15の丸が描かれる。
9 左下に皇太子の副紋章であるダチョウの3本羽がある。
10 中央左下部に、アイルランドを象徴するハープが描かれる。
11 中央の楯をとりまくベルト、ガーターがあり、そこに Honi soit qui mal y pense (Shame be to him who thinks evil of it) とある。「思い邪なる者に災いあれ」と訳される。ガーター勲章はブリテン最高の栄誉となる勲章で、日本では天皇だけが授けられ、現平成天皇の紋章には、ガーターがモットーと共に組み込まれている。
12 左側にイングランドを象徴するライオンが立つ。図の上では左が優位となる。
13 12のライオンのアゴ下に3本の白い垂れがある。これが鞍飾りで、レイブルと言われ、無地3本垂れが長男・皇太子を表わす。
14 中央頂点のライオンの下に皇太子冠がある。

皇太子（Prince of Wales）の紋章には，イングランド，ウェールズ，スコットランド，アイルランドが，それぞれライオン，竜，ユニコーン，ハープとして組み込まれていることが分かる。

5.4　エリザベス1世（1558－1603年）と 現エリザベス女王・2世の紋章比較

これも講義時に画像を見ながら説明する。現エリザベス女王・2世の紋章にも，イングランド，アイルランド，ウェールズ，スコットランドが組み込まれるが，昔のエリザベス1世の紋章もすでに紋章画像上で複合国家を表明している。比較については，まず読者や受講生に考えていただくが，相違の一部について，ここで表にして説明する。表は次ページにある。

これらを見ると，昔のエリザベス一世の紋章では，すでにアイルランドがハープとして組み込まれ，また現代のエリザベス二世の紋章にはない，ウェールズのシンボルの赤い竜や4頭のライオンが取り込まれていることが分かる。

5.5　同君連合時代の紋章に見る複合国家

ここで前にある複合国家成立の略年譜に戻り，

「1603年　イングランドとスコットランドの同君連合
　　　　　スコットランド王ジェイムズ六世がイングランド王ジェイムズ一世に」

の記述に注目してもらいたい。この同君連合時代のスコットランド王ジェイムズ6世かつイングランド王ジェイムズ1世にも紋章がある。そこでは，イングランドの3匹のライオン，スコットランドの

96　第4章　複合国家イギリスの成り立ち

	エリザベス1世の紋章	現エリザベス女王・2世の紋章
紋章右側	ウェールズを意味する赤い竜	スコットランドを意味する白いユニコーン
下部のモットー	semper eadem	Dieu et mon droit
中央の盾	左上はイングランド王室紋章，右上はハープでアイルランド紋章，下はウェールズを意味する4頭のライオン	左上と右下のそれぞれ金色ライオン3頭はイングランド王室紋章，右上の金地に赤いライオンはスコットランドを，左下のハープはアイルランドを意味する
台座部分	semper eadem のモットーのみ	緑地にイングランド，スコットランド，アイルランドの国花が描かれる。イングランドはバラ，スコットランドはアザミ，アイルランドはシャムロックというクローバーに似た植物である。この緑色がアイリッシュグリーンとして，アイルランドを象徴する色となる。ウェールズの国花はラッパ水仙だが紋章上にはない。

赤ライオン，アイルランドのハープがイメージとしてすでに合体されている。また紺色地に3つの点が描かれるが，それらは3つの百合花である。百合が描かれているのは，次の事情による。イングランド王エドワード3世（1327〜1377）は14世紀半ばに，フランス王位継承を主張し，フランス王の紋章である百合の花をライオンに加えて紋章とした。実際，フランスの一部を領土としたこともあり，

14世紀末からのフランスとの百年戦争でイングランド王家はフランスにおける領土を失うものの、フランスは自分の領土という意識を持ち続け、フランスの百合を紋章に画き続けた。だが1811年にジョージ3世はフランス王位への要求を断念し、それ以降は、現エリザベス二世の紋章でも分かるように、百合はつけられない。

6 おわりに

6.1 道州制とブリテン

道州制は、行財政運営の効率化と地方の自立を目指して、「道」「州」と呼ばれる広域行政体を作り、それに権限や税財源を委譲しようとするものである。ブリテンの場合、現代に連なる地方自治制度は19世紀に形成され、フランスと比較してブリテンは「地方自治の母国」と一般に言われることがある。この理由は、岡田章宏等の研究によれば、地方政府の多機能性、広範な裁量権、財政的自律、そして強力な地方議会にあると言われる。

さらに1990年代後半以降、ブリテンを構成するウェールズ、スコットランド、北アイルランドの各国で、地方分権、権限委譲が進められていく。1997年にウェールズ議会、1998年にスコットランド議会と北アイルランド議会が設置され、教育、健康、文化、福祉等の事項について権限委譲がなされる。各国議会の権限、選挙制度、イングランド・ウェストミンスターにある連合王国国会（いわば中央）との関係については、現在でも議論が行われ、各国、そしてイングランド内の地方もお互いの動きを見ながら、地方分権の拡大強化を図ろうとしている。次世紀にはブリテンは連邦制になっているだろうと予言する人もいれば、ウェールズ、スコットランド、北アイル

ランドの三地域には,議会設置と地方分権によって一種の道州制がすでに導入されたとする見方もある。

　異論もあるが,連合王国はアメリカのような連邦国家ではなく(アメリカについては本書に論文がある),また逆に日本のような強力な中央集権的体質をもたない。アメリカの場合,連邦を構成する州は強力な権限をもち,例えば,州により死刑制度の有無等が異なる。他方,連合王国ではウェストミンスター議会は依然,立法上最高の存在の位置づけがあり,さらにイングランド内の各自治体やウェールズ等の各国にはアメリカの州知事のような首長は存在せず,地方議会が立法機能と行政機能を併せ持つ。では連合王国は中央集権国家かと言えばそうでもなく,「地方自治の母国」という一般的評価は今でも生きている。地方政府の権限はウェストミンスター議会の制定法により統制されているはずだが,実際には地方政府が相当の裁量権を伝統的に行使し,独自の判断で活動する余地を中央政府も認めてきた。これらの詳細については,専門家が研究や実態調査を出しているので,文献リスト中の参考文献をご覧いただきたい。

6.2　national, international の意味

　ブリテンを構成する各国は,風土,言語,民族,文化,宗教,法体系等を本来異にし,現在でも各国人の自国にたいする愛着は強力である。international と言えば,現代でもブリテン構成国 nations 間の事象を形容し,例えば各国対抗のダーツの試合は,international 日本語にすれば「国際」試合となる。サッカーの好きな人ならご存知だろうが,連合王国内にイングランド,ウェールズ,スコットランド,北アイルランドの4つのサッカー協会が設立され,4

つのnationalチームがある。したがって，冒頭クイズ「1　通称イギリスと称される国に統一サッカーチームは存在しない」は正解である。ワールドカップやオリンピックが開催されても，4チームを統一した1チームを構成して挑戦することはない。日本だったら直ちに「○○ジャパン」というような統一チームを結成してしまうだろうが。

　これらの国々が連邦制でもなく中央集権でもなく，また独立もしなければ統一でもなく，しかし連合，複合して一つにまとまっている，それがむしろ不思議なくらいである。私はスコットランドを旅行したときに，スコットランド銀行があって，スコットランド紙幣というものがあることを知って驚いたことがある。たまたま旅行に同行した日本の銀行に勤める方は，現物のスコットランド紙幣を見てもなかなか納得できなかった。ここまでするなら独立したらいいのに，と言いたくなる。歴史経過において，とくにイングランドは他国に残虐な仕打ちをしたこともあるが，複合国家としてブリテンが存続してきた背景には，概して言えば異質なものを「同化」，「統一」するのではなく，「まとめる」という考え方や，その旨さがあるのかもしれない。

6.3　「まとめる」という考え方

　これを象徴する現象として，ブリテンは現在でもいわゆる政教分離策を採らず国教会が存在し（しかもその国教会はイングランド教会 the Church of England と呼ばれる），だが連合王国内では国教会に属さない人々も堂々と自由に活動できる，という状況を指摘できる。（国教会に属さない人々を dissenters と呼ぶ。意見を異にする dissent 人々を意味する。）「まとめる」旨さの思想的な背景には，異なった

意見の同化や統一ではなく，寛容（toleration）や包容・包摂（comprehension）を考えるという思想的伝統があると私は考えている。

寛容は，自分とは異なった見解や自分が嫌いな見解も弾圧しないで我慢すること，包容とは，一定条件の下で，意見の異なった者をその者の合意の上で，自分の集団とくに国教会へ取り入れることを意味する。国教会に属さない人々をどう処遇するかという問題は，とくに17世紀後半以降，深刻な問題として取り組まれるようになり，結果的には，現在のように国教会は存在するが個人の信仰活動は自由という状況が可能になっている。

6.4 皆さんに考えてもらいたいこと

本書の他の論文で，日本での道州制導入の具体策や問題点が指摘されることになるが，ここで聴講者や読者に考えていただきたい問題を提起しておきたい。それは次である。

> 「道州制を採用しつつ日本国という一体性を対外的になおも維持するとすれば，道州と日本国を同時に構成することになる私達住民・国民に，どういう意識のあり様が必要になるか？」

スポーツにおいてさえ「侍ジャパン」などと統一を好む日本人は，本当に自治自立分権の道州の存在に耐えられるのだろうか。異なった環境や政策をもつそれぞれの道州の住民が自治・分権を言いつつ，しかし独立せずに日本という一つの国をどうやって支えるのか。逆に日本という国家は，相異なる道州の住民を一つの国の枠組みの中に，強制的統一ではなくて，どうやってまとめられるのか。議論の手がかりとして，以下に副問をいくつか例示しておく。これらは上の問題を考えるための練習課題である。とくに講義の際に

は，これらの副問を用いて教室で議論ができれば，と希望している。

副問の例
1 「侍ジャパン」の結成時には，それについて，どういう経緯や見解があったか。
2 日本国籍をもって広島県に住む人の場合，日本国民であることと広島県人であることとは，自分の意識においてどう両立するか。
3 2で両立が困難と感じる人は，どの点でそのように感じるか。
4 2で両立可能と感じる人は，日本国民と広島県人であることを，何がつないでいると考えるか。
5 広島県人の場合，道州制採用に際して，どの程度の広がりならば一道州への帰属意識が保てるか。
6 道州制採用の場合，とくにどういう政策が採用されると，自分の日常生活にとって便利だと考えるか。
7 6とは逆に，道州制採用の場合，とくにどういう政策が採用されると，自分の日常生活にとって不利・不便だと考えるか。
8 過去の日本において「同化」や「統一」の事例が何かあるか。
9 過去の日本において「同化」や「統一」ではない，「まとめる」という事例が何かあるか。

上記の副問の他に，自分で設定できる疑問があれば，講義の際に提案してみよう。

［史料］
　以下は91ページ「複合国家成立　略年譜」の記述中に（［史料］1）等と付した箇所に相当する文書である。史料中とくに重要と思われる部分に下線を付してある。つづり等は出典文書の記載のままにしてある。歴史に関心のある方には，予習として読んでもらいたい。

1　1536年　イングランドとウェールズとの合同法成立にかんする文書

(出典：Alan G. R. Smith, 1984, *The Emergence of a Nation State The Commonwealth of England 1529-1660*, Longman, 389.)

An act for laws and justice to be ministered in Wales in like form as it is in this realm.

Albeit the dominion, principality, and country of Wales justly and righteously is and ever hath been incorporated, annexed, united, and subject to and under the imperial crown of this realm, as a very member and joint of the same, wherefore the king's most royal majesty ... is very head, king, lord, and ruler; yet notwithstanding, because that in the same ... principality ... divers rights, wages, laws and customs be far discrepant from the laws and customs of this realm, and also because that the people of the same dominion have and do daily use a speech nothing like nor consonant to the natural mother tongue used within this realm, some rude and ignorant people have made distinction and diversity between the king's subjects of this realm and his subjects of the said dominion and principality of Wales, whereby great discord, variance, debate, division, murmur and sedition hath grown between his said subjects; His highness therefore, of a singular zeal, love and favour that he beareth towards his subjects of his said dominion of Wales, minding and intending to reduce them to the perfect order, notice and knowledge of his laws of this his realm, and utterly to extirp all and singular the sinister usages and customs differing from the same ... hath by the deliberate advice, consent, and agreement of the lords spiritual and temporal and the commons in this present parliament assembled, and by the authority of the same ... hath ... enacted and established that his said country or dominion of Wales shall be, stand and continue forever from henceforth incorporated united and annexed to and with this his realm of England; and that all and singular person and persons, born and to be born in the said principality ... of Wales shall have enjoy and inherit all and singular freedoms, liberties, rights, privileges and laws within this realm, and other the king's dominions, as other the king's subjects naturally born within the same have, enjoy, and inherit.

2　1541年　イングランド王ヘンリー8世が自身をアイルランド王と称することにかかわる文書

(出典：Paul L. Hughes and James F. Larkin (eds.), 1964, *Tudor Royal Proclamations*, Vol. 1, Yale University Press, 307, Proclamation 208.)

Proclamation adding "king of Ireland" to the royal style.
WHERE we be justly and rightfully King of our realm of Ireland, and ought to have the title, style, and name thereof by right of inheritance, and the non-use thereof in our style hath caused much disobedience, rebellion, dissension and sedition in our said realm, to the great impoverishing and peril of destruction of the same, ... our said realm (thanks be to God) is now brought and reduced to better order, peace, and civility than it hath been many years past; And forasmuch as our loving subjects of our said realm, both the prelates, nobles, and commons, do think and determine, ... that the said title and name of King of Ireland, together with our said whole realm, should be united and annexed to our imperial crown of our realm of England:

3　1603年　イングランドとスコットランドの同君連合にかかわる文書

(出典：James F. Larkin and Paul L. Hughes (eds.), 1973, *Stuart Royal Proclamations*, Vol. 1, The Clarendon Press, 18, Proclamation 9.)

A Proclamation for the uniting of England and Scotland
FORASMUCH as the King Majestie, in his Princely disposition to Justice, having ever a speciall care and regard to have repressed the slaughters, spoyles, robberies, and other enormities which were so frequent and common upon the Borders of these Realmes, and to have redeuced and settled the said Borders unto a perfect obediece, to the comfort of his Highnesse peaceable Subjects: <u>The course whereof hath bene heretofore impeded by the difference the Borders, English and Scottish, till it hath now pleased Almighty God, in his great blessing to this whole Island, by his Majesties lawfull succession to the Imperiall Crowne of England</u>, not onely to remove this difference, but also to furnish his Highnesse with power and force sufficient to prosecute that his Majesties Royall and worthy resolution ... And therefore his Majestie for the better satisfaction of all his good Subjects, who may stand in any doubt of the sayd Union, ... hath hereby thought good to publish and make knowen to all those to whose knowledge these Presents shall come, <u>That as his Majestie hath found in the heats of all the best disposed Subjects of both the Realmes of all qualities, a most earnest desire, that the sayd happy Union should bee perfected, the memory of all preterite Discontentments abolished, and the Inhabitants of both the Realmes to be the Subjects of one Kingdome:</u>

4 1707年　イングランドとスコットランドとの合同法にかかわる
　　文書

(出典：Andrew Browning (ed.), 1953, *English Historical Documents, 1660-1714*, Eyre & Spottiswoode, 680-695)

Act of Union, 1707
Article I
That <u>the two Kingdoms of England and Scotland shall</u> upon the first

day of May which shall be in the year one thousand seven hundred and seven, and forever after, <u>be united into one Kingdom by the name of Great Britain</u>; and that the ensigns armorial of the said United Kingdom be such as Her Majesty shall appoint, and the crosses of St George and St Andrew be conjoined in such manner as Her Majesty shall think fit, and used in all flags, banners, standards, and ensigns, both at sea and land.

［注］
（1） 正解は1と5である。

［文献］（上の史料を除く）
岩井　淳，2010,『ピューリタン革命と複合国家』山川出版社
D・ウォーカー（木下智雄訳），2009,『ウェールズ教会史』教文館
岡田章宏，2005,『近代イギリス地方自治制度の形成』桜井書店
川北　稔編，1998,『イギリス史』山川出版社
陶山具史，2008～,「イギリスの道州制」（連載中）『自治研究』83（4）～
日本イギリス哲学会編，2007,『イギリス哲学・思想事典』研究社
フランク・レンウィック（小林章夫訳），1994,『とびきり哀しいスコットランド史』筑摩書房
ロザリンド・ミチスン（富田理恵・家入葉子訳），1998,『スコットランド史』未来社
森　護，1992,『ユニオン・ジャック物語』中公新書

第5章　合衆国の連邦制・地方自治制
―― 日本の道州制構想との対比

佐 伯 祐 二

1　はじめに

　第28次地方制度調査会は，2006年（平成18）年2月28日，「道州制のあり方に関する答申」[1]を当時の小泉純一郎総理大臣に提出している。以後，この種の審議会答申が通常そうであるように，本件答申の内容は，新たな政治的決断による変更がない限り，政治・行政上の所与の路線として扱われていく。既に，「道州制特別区域における広域行政の推進に関する法律」（平成18年12月20日法律第116号）が制定・施行されている[2]。2009年の政権交代前には，道州制担当大臣の所管とされた道州制ビジョン懇談会が「中間報告」（2008（平成20）年3月24日）をまとめ，道州制の実現に向けた展望を改めて語った。都道府県制の廃止を伴う道州制は，市町村レベルでの「平成の大合併」が収束した後，その延長上に，わが自治制改革の総仕上げとして予定されているのである[3]。

　もっとも，道州制担当という名称の国務大臣は，2010年5月現在に至っても，鳩山内閣には置かれていない。民主党が掲げる「地域主権」という政治スローガンが，前政権以来の道州制構想をどのよ

うに継受または修正するのか，未だ明らかではない。進行停滞の反映と評すべきか，道州制に関しては，行政法学または憲法学上の新規業績はほとんど見当たらない(4)。筆者の印象では，最近の道州制提言は，わが同業者たちの間で，どのみち簡単には実現しないもの，従って今あえて異論や疑問を呈する必要性は高くないものだと思われているふしがある。

しかし，この過渡期かもしれない時期を利用して冷静に議論をすることも，研究者の責務に属する仕事であろう。本稿は，本公開講座で「世界に学ぶ」一環として，合衆国の連邦ないし自治制度との比較を取り上げる。合衆国が，日本の論者のいう道州制と対比・区別される連邦制をとること，また，第二次大戦後の占領の経緯から日本国憲法の制定に最も強い影響を及ぼした国であることから，法制度上の比較には意味が認められよう。

2 United States, States, and Local Governments：日本の国，道州，地方公共団体との比較

2.1 合衆国憲法と州

合衆国 (United States) は，イギリスからの独立後に国家たる性質を獲得した複数の State(s) が集合して成立した。日本国がいつ成立したと言うべきかは，日本史学の論争点であろうが，合衆国の成立は，明確に，1787年の合衆国憲法による（他方，日本国憲法以前に日本国が長く存立してきたことは誰も疑わないが）。すなわち，合衆国憲法は，合衆国（連邦）政府を創設し，その政府に権限を与えた文書である(5)。それは既存の States の権利・権限に一定の制限を加えこそすれ，なお，合衆国にも制限できない州の権利・権限を留

2 United States, States, and Local Governments：日本の国,道州,地方公共団体との比較

保してきたのであり，この建前は，南北戦争やニューディール期以降の規制強化，第二次大戦後の公民権運動などの変転を経た現在でも厳に妥当している。各州にもそれぞれの憲法があり，連邦（合衆国）議会と州議会の，それぞれの立法権が並立して存在する。議会制度だけでなく，司法制度についても同様の併存現象がある。連邦裁判所と各州の裁判所は，基本的に，それぞれ別体系の法を解釈・適用する（日本の民法に相当する財産法や家族法の分野が，州による判例法形成の領域の典型である）。[6]

また，州の機関に連邦議会や大統領が連邦法の執行を命じることも，原則的に認められていない。具体例を最近の判例の中に見よう。New York v. United States, 505 U. S. 144 (1992) は，この表記に示される通り，ニューヨーク州が上告人，合衆国が被上告人となった事件である。連邦議会は，原子力発電所その他様々な施設から排出される低レベル放射性廃棄物を処理する施設がどこであれ一般に設置困難である事態に対処するため，各州がそれぞれ自前で（または他の州と共同で）処理施設を設置する仕組みを策定するよう誘導すべく法律を制定した。本件で最高裁は，その法律の条項の一部，すなわち，1996年冒頭までに前記の仕組みを施行できない州は，その州内で排出された廃棄物の所有者らの申し出に基づいて廃棄物の所有権を取得しなければならず，州がその取得・占有を怠ったために直接，または間接に生じる損害については専ら州が賠償責任を負う，とする旨の条項を，合衆国憲法違反と判示している。根拠とされた憲法の規定は，「この［合衆国］憲法により合衆国に移譲されなかった権限は……州に留保される」とする修正10条，および連邦議会の権限に関する諸条項である。これらの定めによると，「連邦議会が私人に一定の行為を要求または禁止する法律を制定す

る権限を有する場合であっても，州に対して同様の措置を取るように強制する権限はない」(*Id.* at166.)。廃棄物所有権の移転は「連邦議会が排出者への補助を強制することと異ならず」，損害賠償義務の賦課は「一定の州民の賠償責任の引き受けを州に命じることと区別できない」(*Id.* at176.)，と最高裁は述べる。

さらに，どれほど重要な社会問題であっても，合衆国憲法上，専ら各州に規制が委ねられる場合すら認められる。United States v. Lopez, 514 U. S. 549 (1995) では，高校の3年生であった被告人が，38口径の拳銃1丁と銃弾5発を隠し持って登校したことにより，1990年の連邦法律（スクールゾーン内に故意に銃器を持ち込むことを禁止する法律）に違反したとして連邦裁判所に刑事訴追されたが，最高裁は，この法律も違憲無効と判示している。すなわち，本件の法律が合憲であるためには，連邦議会が憲法によって列挙された事項に関わる立法権を行使したこと，本件では「複数の州にまたがる通商（Commerce）を規制する［法律を定める］」権限を行使していることが必要である。しかし，問題の法律は，通商その他の営利事業とは全く関係がない。連邦制度の下では，刑事法規の制定と執行の権限は主に州が保有する (*Id.* at561.)。暴力的行為が及ぼす損失は保険を通じて拡散され，また欠陥のある教育環境は全米の経済に悪影響を及ぼすものだとしても，それ故に連邦の立法権を認めると，家族法の分野でも連邦法律が可能になる等もはや際限がなくなり，州が伝統的に主権を有してきた領域を保護することはできなくなってしまうであろう (*Id.* at564.)，と。なお，この Lopez 事件は，銃規制が緩やかなテキサス州で発生した事件であり，そのために連邦法律が適用される他なかったという事情がある。

2 United States, States, and Local Governments：日本の国，道州，地方公共団体との比較

2.2 合衆国憲法と自治体，州法と自治体

合衆国憲法は，以上のように連邦と州との権限分配については周到な定めを置くが，地方自治については，何も定めていない。地方自治の保障は，各州の憲法および州議会制定法（法律）レベルで定まる。そして，判例及び支配的な考え方によると，州議会は，州憲法によって制限されない限り，その州の地方自治制度を決める完全な権限を有するとされる。(7) その結果，州の数だけ地方自治法制があることになる。

従って，日本国憲法第8章と地方自治法の解説をもって自治制度一般を語ることのできるわが国と異なり，かの国では全体を一般化することが難しく，他方で正確かつ具体的に説明すれば，なぜ特定の州の個別の制度を選んだのかが問われかねない。これらの難点を認めた上で，以下では概括と具体例の両者を示そう。州における地方政府（local governments）の形態は，一般に次の三つに分類される。(8)

(1) カウンティ（County）。 これは郡と訳されることがあるが（例えば，『マディソン郡の橋』），日本語の語感に照らしてあまり適切ではない。カウンティは州の事務を提供する州の行政区画であり，その各境界は州の創設以来ほとんど変更がないという。人口は100人未満のところからロサンジェルスの900万人の例まで様々である。州裁判所，州警察，広域の都市計画，公共交通，水道供給，医療等の事務を担い，住民により直接公選される委員から成る委員会をカウンティ内で最上級の行政機関とすることが通例であるという。

(2) 地方自治政府（municipal governments）。 その典型は市（city），町（town），村（village）であるが，後二者の訳語は特に誤解されやすいであろう。後二者は一般に人口の少ない地域に見られ

る自治団体であるが（但し，village のほうが近隣の city よりも人口が多い場合や，town がカウンティと同じく自治政府に属さない州の行政区画とされる場合もある），日本において市と町・村が普通地方公共団体として基本的に同等の事務を担当するのに対し，municipal governments はそれぞれ地域住民の発意により，州ないしカウンティによらない事務の提供をするために，それぞれに異なる必要に応じて法人として設立される。言い換えると，何らかの必要的・義務的な事務が municipal governments 一般に法令上要求されることはない。

(3) 特別事務区（special districts）。 典型は公立学校事務区（school districts）であり，初等中等教育の提供その他の特定の目的のために設立される。委員会の委員はカウンティの場合と同様に公選されるところもあるが，州またはカウンティの機関により任命される例のほうが多いという。

上記のように，わが国の普通地方公共団体に対応するのは(2)であるが，私たちの実感では，市町村またはその前身は，私たちが知らないはるか以前から所与の存在である。これに対し，先住民を追い立てた移民の国では，地方自治政府はまさに各地域で作られてきたものである。その必要がないと住民多数が考える地域では地方自治政府はなく，住民は，原則的に州やカウンティの事務のみを享受することになる。「私たちの community では」という表現をよく聞くことができるところ，そこにいう community にうまく適合する訳語は見出しにくいように思われる。community の用語例として，次の説明が示唆的である。——「community とは，ある程度近接した地域に住む一団の人々がいる地域で，公衆衛生，公の安全，消防，水道供給などのサービスについて共通の利害を有することによ

2 United States, States, and Local Governments：日本の国，道州，地方公共団体との比較

り，地域の人々がまとまっており，その人々がお互いに知り合い，仕事，社交・教育・余暇目的の活動上で付き合うようなところをいう。」このようなcommunityの人々が，ある時期に，州法の定める要件（固定資産税の納税者の一定割合以上による署名請願など）の充足を経て，cityなどの地方自治政府を設立するのである。

例示にはきりがないので，（恣意的と言われようが）筆者が暮らした地域を挙げると，首都ワシントンDCに接するMaryland州のRockville市は，人口約6万，面積約35km²であり，もともとはドイツ系移民の多い地域であるが，近年はIT産業の興隆に伴いインド系・中国系の移民が増加しており，中産階級の層が厚く，従って税収が健全な都市である。日本の「市」と比べて人口からは想像しにくいが，州都のBaltimore市に次ぐ，州で第2の都市でもある。Rockville市を包み込んでいるのはMontgomeryカウンティであり，人口約93万，面積約1300km²を擁する。州内で2番目，全米では8番目に住民の平均収入が豊かだという。Montgomeryカウンティの中で地方自治政府を設立している地域は，3つのcities，12のtowns，4つのvillagesだけであり，大半の住民はカウンティ直轄の地域に住む。

このように地方自治政府が常には存在しない国，また，地方自治政府が州法の創造物であるとされる国に関し，「アメリカは地方自治に親和的な国か？」という疑問が呈されることがある。しかし，筆者にも未だ厳密な証明はできていないが，① cityなどの地方自治政府にしばしば見られる，自律的な課税権（消費税，固定資産税など），土地利用規制権限の存在，② 自治体の合併現象だけでなく，これに対抗する分離・分割現象も併存すること，③ 大都市制度が，一部の地域を除き，なお形成途上であること，などから見

て，現にある地方自治政府の自律度は，日本の普通地方公共団体と比べてむしろ高いのではないか，と思われる。地方固有の統治権が法理論として否定されてきた背景には，広大な国土における現実としての高度の地域的自律性が存してきたはずである。加えて，非効率にも拘わらず連邦—州—地方自治政府という重層的政府制度を維持してきた，彼らの分権理念の存在にも着目すべきであろう。前掲の New York v. United States, 505 U. S. 144, 181（1992）が述べるように，「連邦制度は，統治権の［合衆国および諸州への］分散から生まれる諸自由を市民に保障するために存在している」のである。

 もっとも，このような市民的自由の尊重は，地方自治政府レベルでは，病理現象を存続させることもある。初等・中等教育の公立校を維持する予算の大半は，地域の固定資産税収入によるのが一般であるので，往々にして人種間の差異を反映する貧富の格差が，各地域の公立校の設備と教育水準に直接反映することになっている。この点は，市民的経済的自由の保障が個人相互間の経済的格差を生み出すのと同様である。

3 現在の道州制構想への評価

 (1) 「道州制のあり方に関する答申」（以下，単に答申という）は，地方公共団体のあり方に関する日本国憲法の規律を緩やかなものと解しているように思われる。憲法92条~95条は，そこにいう「地方公共団体」を定義しておらず，現行の市町村・都道府県がそれに当たることに争いはないものの，他に憲法上の「地方公共団体」の可能性が否定されるわけではない。答申が，その構想にかかる道州を

「広域自治体」と呼ぶとき（例えば同1頁・9頁），その呼称は憲法上の「地方公共団体」該当性を前提としているようである[20]。しかし，もし，日本国憲法の原案を書いたGHQスタッフの思考に照らすなら，府県を複数括る道州は，サイズと人口があまりに大きく，憲法が想定する「地方公共団体」を超える，新たな形態の統治団体を憲法改正によらず法律レベルで創出するものと評されよう[21]。合衆国にあって道州と対比するのに適切であるのは，カウンティであろう。

(2) 道州の領域をどのように画定するにせよ，現行の北海道と東京都は別格の存在とされている（答申11頁，19～21頁）。東京都と健全な競争相手となる道州の成立が期待されているが，果たしてそうなるかどうか，また，道州の州都が小東京化することにならないかは，今後の諸条件にかかっている。

(3) 国が道州の事務について法律を定める場合には大綱的であるべきだと言われることがあり，確かに，そうでなければ国に対する道州の自律を語ることはできないが，他面，道州が「道州内の市町村の連絡的調整（政策・施策の水平的調整を含む。）」[22]等を担うとすると，そこでは，市町村の自律が「調整」の名の下にどの程度制約を被ることになるのか，懸念がないではない。

(4) 道州制においては，廃止される府県の事務の一部が市町村に，国の事務の一部が国の出先機関等よりも住民に近い道州に，それぞれ移譲されることから，住民が地域の事務から疎外されることはない，との説明がある[23]。他方で，府県から道州に移譲される事務も生じるはずであり，いずれその具体的な内容が示されなければ，有意味な議論はできないであろう。個別行政領域についての検討の多くは，立案関係者の腹案の段階のようであるが，例えば，公立大

学に関しては，道州レベルでの統合が構想されているようである。[24]既に種々の困難を来している県立大学等の将来はどうなるのであろうか。

(5) 現在の道州制構想は，市町村合併の場合と同様，国家的な課題として提起されている（答申5頁）。国策が国にもたらすとされるメリットと地方にとってのメリットと，どちらが上回ることになるか，判定は未だ困難であるように思われる。

［注］
(1) この答申に関する詳しい解説として，答申作成に関与した元自治省事務次官の松本英昭による「道州制について（1）〜（4・完）」2006, 自治研究82巻5号〜8号がある。
(2) 但し，この法律が適用される「道州制特別地域」は，現在，北海道だけであり，また，この法律により先行的に移譲される事務は極めて限られている。
(3) 松本・前掲（1）16頁。
(4) 政権交代前後の論考としては，例えば村上博，2008,「小規模自治体と道州制」，法政論集225号29頁，および大橋洋一，2009,「道州制と地方自治」，ジュリスト1387号106頁を参照。
(5) Baker & Gillette 2004 : 201.
(6) 余談になるが，弁護士資格も州毎に別個なので，ロースクールが全国（全米）的に単一の司法試験合格率を競い合うという現象は存在しない。どのロースクールであれ，全米どこででも活躍できる素地を持った卒業生の輩出を目標とするわけである。
(7) Baker & Gillette 2004 : 202-04, 210-11.
(8) Stevenson 2009 : 2-5 ; Kemp 1999 : 1-10 ; Baker & Gillette 2004 : 46-49 ; Valente et al., 2001 : 6-12.
(9) 塩野宏「自主立法権の範囲——キャリフォーニアの場合——」『国と地方公共団体』254頁（1990年，初出1982年）。
(10) Baker & Gillette 2004 : 139.

(11) Stevenson 2009 : 15-16.

(12) 薄井一成『分権時代の地方自治』(有斐閣, 2006年) 170頁。同書172-73頁は, アメリカを地方自治の国と評するのは失当である旨述べる。

(13) Stevenson 2009 : 68-84, 220-24.

(14) Baker & Gillette 2004 : 194-97.

(15) *Id*. at 725-31.

(16) 良かれ悪しかれ, 相対立または相矛盾する現象が堂々と不安定に併存するのが合衆国の特徴の一つではないか, と筆者は疑っている。

(17) 藤倉晧一郎, 1982, 「日米法文化の比較検討」ジュリスト760号56-58頁。

(18) Baker & Gillette 2004 : 756-58. 例えばRockville市の公立高校は, 住民の子弟で9年次修了生であれば原則的に誰でも入学できるが, 全米の公立校トップクラスの常連に属している。他方, ワシントンDCにおいては, オバマ大統領の娘が通う私立学校と, 学校近辺で銃弾が飛び交い, 家の中の子どもに流れ弾が当たることさえある地域の公立校とが, 近接してはいるが異なる地域にそれぞれ存在している。

(19) 都道府県のサイズまたは人口は, 憲法上の地方公共団体としては限界的な大きさと言いうる場合があるように思われる。また, 現行の都道府県制の廃止が当然に違憲となるとは通常考えられていないが (塩野・前掲注8「府県制論」284頁), 官選知事制をとっていた明治憲法下の府県制からの変革後, 現行の都道府県が憲法上の地方公共団体であることには, コンセンサスがあるように思われる。他方で, 松本・前掲(4)28～29頁は, 都道府県レベルで住民の共同体意識という社会的基盤が存在するのなら, そうした基盤は道州にもやはり存在することになるはずだ, と述べており, 都道府県サイズでの共同体意識に関する疑問の余地を, 道州制の正当化に結びつけている。

(20) 松本・前掲(4)29～30頁は, この点について慎重に若干の留保を付している。

(21) この評価は, 道州に住民代表議会と住民の直接選挙による長を置くこと (答申13頁) によっても左右されない。

(22) 松本・前掲(4)30頁注86。

(23) 答申6頁,松本・前掲(3) 7頁。

(24) 松本・前掲(4) 12頁,同31頁注92。

[文献リスト]

脚注に引用した英語文献は,以下の通りである。

Lynn Baker & Clayton Gillette, Local Government Law (3d ed. 2004): Foundation Press

Sandra Stevenson, Understanding Local Government (2d ed. 2009): LexisNexis

Roger Kemp et. al., Forms of Local Government (1999): McFarland & Company

William Valente et. al., State and Local Government Law (5th ed. 2001): West Group

第6章　行政州から自治州へ
―― 南アジア多民族国家の連邦制

吉田　修

1　はじめに

　南インドは，人口が多い上に言語や文化などの多様性が強く，域内だけで一つの小世界を構成している。構成する諸国家も，人口の98％がベンガル人であるバングラデシュを除いて，有力な少数民族をもつ多民族国家である。そのため，政治的に連邦制への志向が強い。インドは28の州を持つ連邦国家であり，分離・分割による新しい州の創設への動きが絶えない。パキスタンも，現在は4つの州を持っている。ネパールは2008年に正式に王制を廃止し，連邦国家への道を歩み出した。また，スリランカの紛争が，タミル人による分離独立や高度な自治権を持った連邦制への要求に基づいていたことも，よく知られている。しかしながら，国内の遠心力を長い植民地支配に利用されてきた新興諸国にとって，連邦制は再度の分裂と外国勢力の介入をもたらしかねない危険な道具でもある。本章では，インドにおける連邦制の具体的な展開を追いつつ，政治的実態が連邦制の内実を形作っていく過程を明らかにしたい。それを通じて，単なる行政的枠組ではない，連邦制の政治学について考えたい。

120　第6章　行政州から自治州へ

インドの行政区画：28州，7連邦直轄地域（デリー首都圏を含む）
CraftMAP（http://www.craftmap.box-i.net/）の白地図を使用して筆者作成

2　インドにおける連邦制の発展と実質化

　独立にあたってパキスタンを分離せざるを得なかったインドは，さらなる分裂につながりかねない連邦制に対して，当初はきわめて慎重な態度を取っていた。ところが，1950年代半ばから州を言語別に再編成し，インドは政治的に連邦制への道を歩み始めた。インドでなぜ連邦制が求められるのか，連邦制が機能する政治的発展とは何か，などを，独立インドの政治史を振り返りながら考察する。

2.1　独立と連邦制
　多民族・多言語のインドで，インド国民会議による独立運動は，M・K・ガンディーによって言語単位に再組織されて初めて国民運動へ発展した。その意味で，インド政治の分権的傾向は独立運動期に遡ることが出来る。また，独立後の政治体制についても，独立運動の指導者たちは，独立達成に至る過程では，英領インドが全体で一つの国家として独立するために，イギリスの内閣使節団が提案した高度に分権的な連邦制を支持しもした。しかし，英領インドからパキスタンが分離して独立することが確定してからは，彼らは独立後のインドがさらに分裂することを恐れ，民族・言語別に政治的単位を構成することを望まなかった。

　英領インドは1947年8月，新生インドとパキスタンの二国に分離独立した。独立インドでは，独立前に選出されていた憲法制定議会による憲法起草作業が本格化し，国家体制については「平時には連邦制度のように，戦時には集権制度のように」（B・R・アンベドカル起草委員長）といわれる草案が提示・採択された。その基本構造

は，イギリス統治時代の1919年インド統治法および1935年インド統治法を踏襲し，権限の一部を中央から州政府に分与するが，州に属する権限についても，非常時には一定期間，連邦法や大統領権限の優越を認めるものであった。

初代首相ジャワハルラル・ネルーら憲法制定者たちによって，州は政治活動や自治の単位となることを期待されていなかったし，望まれてもいなかった。当時の国際政治の「常識」では，ネイション(国民)のみが国家を持つことができると考えられており，独立したばかりのインドは，インド人という単一のネイションを構成することを至上命題としていた。そのために建設されるべきは統一された強力な中央政府であり，州への分権化は，外国勢力による独立インドの「分割統治」を再来させるかも知れなかった。

ではなぜ州に分割するかと言えば，イギリス政府が独立運動を懐柔するために制定した1919年法や1935年法とは異なり，「行政上の便宜のために異なった州に分割されている」にすぎない，というのが彼らの姿勢であった。インドは巨大で多様に過ぎるので，その統治を単一の中央政府のみの責任とするには，あまりに荷が重い。そこで，地方政府を作って，中央政府の統治の責任を軽減することが，州政府存在の意義である，と起草者たちは主張した。それゆえ，インド憲法は中央政府の優位を前提に中央・州間の権限分配を行っており，また州の設置や廃止についても，中央政府の権限で行うことができるとしている。

実際に，当初の州は独立前の州に藩王国を加え，あるいは組み込んだもので，その境界は，民族的・言語的境界と必ずしも一致しておらず，むしろ意図的に，複数の言語集団を同一の州に含み，また同一の言語集団を複数の州に分割したと言ってよいものであった。

つまり憲法制定者たちは，歴史的，政治的必要性に根ざす連邦制ではなく，国土と国民の巨大さ・多様性に対応するための地方自治的な行政単位としての州を構想していたのである。もし住民たちが新生国家に自らのアイデンティティを感じ，自らの言語や文化に拘ることなく新しい生活を始めていけば，それは多様性の中にも強力に統一された国民となるであろう。国民国家の形成を願う，このような憲法制定者たちの願望は，しかしながら，直ちに逆襲を受けることとなる。

2.2 言語州への再編

 憲法制定者の意図にもかかわらず，1950年のインド憲法施行後，各地で州の再編成を求める動きが起こった。独立インドにおいて，ヒンディー語に次いで話者人口の多い言語である南部のテルグー語の話者たちは，独立以前，その居住地域がイギリス直轄のマドラス州と，イスラム教徒の藩王がいるハイデラバード藩王国に大きく分かれていたが，その状態は独立後，またインドによるハイデラバード藩王国の武力併合後も，マドラス州とハイデラバード州として存続していた。マドラス州のテルグー語住民は，同州のテルグー語地域をマドラスを州都として分離させることを求め，いったんはネルー首相にテルグー語地域をアンドラ州として分離することを約束させたが，その実施は，特にマドラス市の所属をめぐって難航し，なかなか実行されなかった。1952年12月に，マドラス州からテルグー語地域を分離してアンドラ州を作るように要求して断食を続けていたポッティ・スリーラムルが死去すると，その葬送行進が大規模な騒乱となり，ネルーはアンドラ州の創設を確約して，ようやく事態を収拾した。

第6章 行政州から自治州へ

　アンドラ州は1953年10月に生まれたが、これはさらに多くの言語集団の独自州要求を強化し、同年末、中央政府は州再編委員会を設置して対応を図った。憲法施行後、中央においてもすべての州においても選挙の結果多数を獲得し、政権を担っていたインド国民会議派（以下、「会議派」と略）の内部に、こうした州の再編成を求める圧力が存在したことが、中央政府の譲歩の背景をなしていた。彼らは、民族運動の延長線上に州自治を捉えており、独立後は民衆の公的政治過程への参加が可能な、同一言語を基盤とした政治行政の実現を求めたものと言えよう。

　同委員会は1955年に報告書を提出し、「共通の言語を話す人々をまとめる」という形での州再編成を勧告することとなった。1956年州再編法によって勧告は具体化され、それまで三種に分類されていた州は、すべて同一の地位を持つ言語州に再編されることとなった。これにより、今日のインドの州の原型ができあがったのである。まずはハイデラバード州のテルグー語地域とアンドラ州とをあわせてアンドラ・プラデーシュ州とし、またカルナータカ、マドラス、ケーララという言語州を、南部に合わせて四つこしらえた。この後も、1960年にボンベイ州がグジャラート語を話すグジャラート州とマラーティ語を話すマハラーシュトラ州に分割され、1966年にはパンジャブ州をシーク教徒多数の州とするため、ヒンドゥー教徒が多数を占める南東部を分離してハリヤナ州とした。

　このように、憲法制定者たちが憲法の定める範囲においてのみ行政権を持つ地方自治的な行政単位に押しとどめようとした州は、言語州への再編によって、言語的同一性に基づいた、より広範な自治を達成するための物理的基盤となった。したがって、これ以降、政治的遠心力に対する憲法上の歯止めは急速に失われてゆき、会議派

2　インドにおける連邦制の発展と実質化

内部の州指導者のみならず,中央政府を批判して州に結集する集団に対しても,その政治的基盤を与える環境が形成される。そしてこのことが,民族独立のナショナリズムを体現してきたインド国民会議派による中央と州の政権に,深刻な危機を生み出すことになる。

独立以来首相を務めてきたネルーが1963年に死ぬと,インド政治の求心力は一気に低下する。州に基盤を持つ会議派の有力者たちは,ネルー没後,彼のような強力な,教師のように指導する中央指導者を求めなかった。彼らは,コンセンサスを重視するラル・バハドゥル・シャストリをネルーの後継者に選び,言語州への再編を通じて地域利害の表出が強まる中で,自分たちの州利害への中央の干渉を拒んだ。新政権のもとで,会議派の州指導者たちは,中央政府に対して州の利害を強く主張し,州の利害に反する決定に対しては,州首相会議で,事実上の拒否権を行使した。

インドが自己資源の効率的な利用を通じて国家建設を行おうとする際,中央政府は国内外の限られた資源を調達して,それを各地に再配分する責任を負っていたが,上記の「拒否権」は,州の拒否を乗り越えた政策合意の障害となり,資源の有効利用の範囲を州単位にまで狭めてしまう。そして,それは逆に個別の州を窮地に陥れることにもなった。インドにとって,初めての統合の危機であった。

最初の挑戦は,マドラス州で生じた。マドラス州は独立以前から,北インドの支配に抵抗するドラヴィダ民族主義としての反バラモン運動(2)が盛んで,この運動を引き継いで1949年に結成されたドラヴィダ進歩連盟(DMK)が,州内では州政党として,全国政党である会議派に対抗する勢力に成長しつつあった。党勢拡大のためにDMKは,憲法が1965年と定めていたヒンディー語の単一公用語化(3)の問題を取り上げ,施行当日の共和国記念日を「悲嘆の日」と名付

けて抗議行動を計画した。DMK党員の焼身自殺で火がつけられた抗議行動は、母語でない言語を公用語とされ、中央政府の公務員採用で不利となるのではないかとの不安を持つ学生たちの、自然発生的な暴動を呼び起こした。中央政府の言語政策を州民に納得させる努力を怠ってきた州政府は、暴動を収拾することができず、中央政府もまた、抗議行動に対する妥協に反対するヒンディー語諸州を抱え、身動きが取れなくなっていた。事態は、マドラス州から中央に転出して農相となっていたスブラマニアムが抗議の辞表を提出するという「ショック療法」によって、中央政府が不利益を生じさせない保証を法制化する約束をし、ようやく沈静化した。

公用語問題で荒れた1965年は、未曾有の旱魃に見舞われた年でもあった。旱魃は翌年も続き、インドの各地に深刻な食糧問題が生じた。全国規模の食糧危機に直面したインド諸州政府は、州内での食糧価格の高騰を恐れ、州を単位とする食糧移出規制ゾーンを中央政府に認めさせた。この結果、食糧不足州に局地的な飢饉状態が発生しやすくなるような状況が生まれた。国内産の食糧を融通することが難しくなったシャストリ首相は、外資導入の促進など一定の内政改革と引き替えに、米国の支援を要請して難局を乗り切ろうとするが、1966年1月、第二次印パ戦争の戦後処理協議のために赴いたタシケントで客死する。シャストリを引き継ぐ首相として会議派の指導者たちが選んだ人物は、ネルーの娘、インディラ・ガンディーであった。彼女のもとで、インドは大規模な食糧穀物の支援を受け、対外援助用の余剰穀物在庫の枯渇に直面した米国は、飼料用穀物をインド食糧危機支援に充てることで、インド国内の憤激を買った。

ネルーなき会議派の問題は、全インド・ナショナリズムの訴求力の喪失という問題であった。言語州の獲得に尽力した会議派の地方

指導者たちは，この新しい政治的枠組の中で，ネルーの持つ求心力に依存しない独自の政治基盤を涵養することはおろか，州内の党組織を掌握することすらできなかった。またネルーの晩年から死後にかけて，中国との国境戦争の敗北や第三次五カ年計画の挫折などで党勢退潮となる会議派は，次の選挙での州指導者の再選を保証する枠組みではなくなりつつあった。にもかかわらず，言語州化によって凝集性を増した州利害に対して，変わらず妥協を求める中央政府は，次第に地元民衆の支持を失い始めていた州指導者たちにとって，やっかいな存在になっていた。それを理解するシャストリ首相は，各州間の妥協による融通ではなく，国外からの資源の導入によって問題の解決を図ろうとしながら道半ばで斃れる。州指導者たちが次の選挙の顔として首相に選んだインディラ・ガンディーは，父ネルーの全インド・ナショナリズムを引き継いでおり，州利害への配慮を欠いて，1966年6月のルピー大幅切り下げに代表される，民衆への影響力の大きい政策決定を，州指導者への相談なく行った。

　こうして会議派州指導者は，自身が推進した言語州の実現によって，新しい，政治的実質を伴った連邦制の枠組みのなかで，会議派という中央的要素と，州という要素との板挟みに苦しむことになる。その結果，1967年に行われた総選挙・州議会選挙で，マドラス州の会議派はDMKに主導権を奪われ，50議席を失って野党に転落した。下院でも西ベンガルのアトゥルヤ・ゴーシュやマハラーシュトラのS・K・パテルら会議派地方指導者たちが少なからず敗北した。さらにマドラス州の他，ウッタル・プラデーシュ，ビハール，ケーララ，オリッサ，パンジャブ，西ベンガルの併せて7州で，会議派は過半数を失った。マドラス，ケーララ，オリッサの3州では，第一党の座からも転落した。

2.3 政党制の連邦制への適応過程

1967年の州議会選挙で、会議派が第一党の座を失った3州のうち、特定の州を基盤とする政党による政権が成立したのは、DMKが過半数を制したマドラス州のみであった。そのほか、パンジャブ州でもシーク教徒の独立国家を目指す政党アカリ・ダルが政権に就いた。他の4州で政権に就いたのはスワタントラ党や共産党など、複数の州で議席をえていた政党であり、この時点では、州政党は会議派退潮の主要因とまでは言えなかった。その背景には、それまで会議派が体現してきた全インド・ナショナリズムの、理念としての影響力の強さがあった。独立インド最後の総督を務めたラジャ・ゴパラチャリのように、会議派を離脱して地元で政党を結成する有力指導者たちはいたが、彼らは地域利害よりも、自由主義や社会主義といった普遍的価値に基づく反会議派勢力を標榜した。また、中央政府に資金が集中し、それによる五カ年計画を開発政策の基本としていることから、地域開発の面からも非会議派政権に不利な事情が多かった。これらのゆえに、非会議派政権が安定的に成立する州は、1980年代まで、タミル・ナードゥ（1968年にマドラス州から改称）にほぼ限られていた。

1967年の選挙の後インディラ・ガンディーは、自身の個人的人気を基盤として、主要銀行の国有化など社会主義的な政策で彩られたポピュリスト的な政治体制を作り上げていく。これは言語州化で凝集性を増した州に対する、全インド・ナショナリズムの一つの回答であった。彼女は1969年の大統領（間接）選挙を機に会議派を割り、党内有力者とは袂を分かちつつ州の党組織を掌握して、彼女を頂点とする上意下達の党を作り上げた。そして1971年には下院を解散し、「貧困追放」のスローガンで総選挙に圧勝した。インディラ

の中央集権的な会議派は，逆に国政レベルでの会議派と州政党との連立や協力への道を開き，彼女は憲法の規定を用いて多くの州政権を解任する一方，タミル・ナードゥ州では政権に挑戦していた全インド・アンナ・ドラヴィダ進歩連盟（AIADMK）に協力してDMK政権を倒した。

インディラのポピュリスト政権は，その後，行き過ぎた人口抑制策に代表されるように暴走し，これに対する反対運動も，ビハール州を起点に激化する。1975年，彼女自身の選挙違反についての有罪判決がアラハバード高裁で出されたことをきっかけに，インド全土に非常事態が宣言され，基本権の制限や総選挙の延期などが行われた。インディラと1969年に分かれた会議派指導者たちのうち，オリッサのビジュ・パトナイクだけは州政党ウトゥカル会議派を結成したが，多くは反インディラ会議派に集結していた。彼らの多くは非常事態下で拘束され，1年延びた総選挙では，インディラの会議派を倒すために他党派とともにジャナタ党という統一政党に合流した。非常事態を経て6年ぶりに行われた1977年の総選挙は，従って州ではなく全国レベルの争点と，それに対応した政党による選挙となり，南部以外の諸州でジャナタ党が地滑り的に圧勝した。

しかしながら，共産党系を除くほぼすべての反インディラ会議派政党が結集したジャナタ党は凝集性に乏しく，イラン革命を契機とした第二次石油ショックにも見舞われて，モラルジー・デサイを首班とする政権は2年ももたずに倒れ，ジャナタ党自体も分裂した。1980年に行われた総選挙は，インディラの会議派が勝利し，会議派政権はインディラ・ガンディー暗殺直後に行われた解散・総選挙での圧勝を経て，1989年まで続いた。

他方，1982年にテルグー語映画のヒーローであったN・T・ラー

マ・ラオがアンドラ・プラデーシュ州で新政党テルグー・デサム（TDP）を結成した。彼は翌年の州議会選挙で会議派を制して勝利し、州首相となった。南部諸州の中で、タミル・ナードゥ州に次ぐ州政党政権の成立であり、1984年の総選挙では30議席を獲得して、会議派が圧倒する連邦議会の野党第一党となった。

インディラ・ガンディーの暗殺後、彼女を継いで首相となった息子のラジーヴ・ガンディーが1989年の総選挙に勝利できなかったのは、ポピュリスト的な政治が必要とする強い個性を、彼が持たなかったからであろう。この選挙で議席を40倍以上（85議席）としたのが、ヒンドゥー・ナショナリズムを標榜するインド人民党であった。同党はその後も勢力を拡大し、過半数にはまだまだ及ばないまでも、1996年の総選挙では第一党になった。他方で会議派は力を落とし、以後、過半数を獲得することは、一度もできていない。このように二つの勢力のいずれもが政権を担うだけの議席が獲得できない中、1989年の総選挙での会議派政権の打倒を目指して結成された政党、ジャナタ・ダルが、会議派やインド人民党よりさらに弱小ながら、1996年から98年まで、会議派の支持を得て不安定な連立政府を率いた。このジャナタ・ダルが分裂して、本格的な州政党の時代が始まる。

2.4 州政党の時代

ジャナタ・ダルは、蔵相、国防相と主要閣僚を歴任しながらラジーヴ・ガンディー政権の武器購入汚職疑惑を暴露し、除名されてからは反会議派の結節点となったV・P・シンを中心に、1989年の総選挙での会議派政権打倒を掲げて生まれた政党である。旧ジャナタ党を中心に、さまざまな中道政治家が結集したジャナタ・ダルは、

その総選挙での獲得議席数は143と，197の会議派には及ばず，第二党に甘んじたが，左右の政党の閣外協力によって，V・P・シン首班の内閣を組織した。ラジーヴ政権期のインドは緩やかな経済自由化を進めていたため，物価の上昇など生活面での環境悪化が生じていた。しかし，V・P・シン政権はその面での実績を上げる前に，低カーストの人々への公務員採用や大学入学の留保枠拡大を実施しようとして，高カーストの学生の激しい抵抗に遭い，また湾岸危機が石油不足を生むという混乱の中で，1990年10月にあっけなく崩壊する。そしてジャナタ・ダル自体も，分裂した。1991年に行われた解散・総選挙において，ジャナタ・ダルは議席を59に落とし，120議席を獲得したインド人民党に，野党第一党の地位を譲った。

このように，ナショナルなレベルでの新たな対抗軸としてインド人民党が台頭して以降，ジャナタ・ダルは全国政党しての存在意義を問われ始める。また上述の留保制度拡大をめぐって，推進派と批判派がそれぞれ社会党や平等党などを作り分裂したこともあって，1996年の総選挙でも党勢の退潮が止まらず，議席を46へとさらに減らした。留保制度拡大をめぐる党内の対立は，その恩恵にあずかるカースト（「他の後進諸階級（OBC）」と呼ばれる）か否か，という対立でもあり，分裂した新政党は，OBCに関する利害を代表する指導者に沿ってローカルな基盤の上に成立したので，社会党の場合はウッタル・プラデーシュ州，平等党の場合はビハール州と，その影響力は地域的に集中していた。[4]

影響力が特定の地域に限られる指導者の寄り合い世帯でもあったジャナタ・ダルは，もはや会議派に対する全国レベルでの対抗者という地位を失いかけていた。そこに1996年総選挙の後に協力政党を見つけることができなかったために政権奪取に失敗したインド人民

党からの,選挙協力や連立の働きかけを受け,それに対して地域指導者は個別に応えていこうとした。激しくイスラム教徒を攻撃しながら支持を拡大してきたインド人民党に対して,共産党などほとんどの他政党は,それまで協力を拒否してきたが,二大全国政党の競合の間に埋没して党存亡の危機に直面したジャナタ・ダルの指導者たちは,厳しい政治判断を迫られたのである。

1996年以降の文脈では,最初にオリッサ州のジャナタ・ダルが動いた。ワンマン指導者ビジュ・パトナイクの死去による危機に直面して,オリッサのジャナタ・ダルは彼の次男ナヴィーンを擁立したが,1998年総選挙で州内での主要な対抗相手である会議派を倒すため,インド人民党との選挙協力を決め,ビジュ・ジャナタ・ダルという州政党を結成してジャナタ・ダルから離脱した。同選挙にインド人民党を中心とする政党連合「国民民主連合」が勝利し,初めて中央で政権に就くと,さらにこのジャナタ・ダルの分裂傾向は強まったが,結集していた政治指導者の依って立つ支持基盤の違いから,二大政党のどちらとどの程度協力するのか,という点は,地域ごと,政治指導者ごとに異なり,これがジャナタ・ダルの構成要素ごとの対応の違いを生んだ。たとえばビハール州のジャナタ・ダルは有力な低位カーストの他,イスラム教徒の支持にも頼っていたので,インド人民党との協力はあり得ず,会議派との緩やかな協力を進めるために民族ジャナタ・ダルという州政党を作ってジャナタ・ダルから離れた。

このような,1990年代における州政党の生成の背景には,インドの政治指導者と有権者が,カーストを,もし選挙の結果を左右するほどに組織できるなら,票田として組織しようと考え始めたという事情がある。その中で,OBCを始めとする低カーストが,票田と

して組織され，それらは地域的な性格を強く持っているので，事実上，特定の州に活動の範囲が限定されることとなった。カーストは厳しい上下の差別的関係の根源であり，独立インドが克服しようとしてきたものであるが，40年以上選挙に基づく民主主義を積み重ねていく中で，インドの政治指導者は，そこに政治的組織化の芽を見いだしたのである。

　ビハールやウッタル・プラデーシュなど北部ガンガ平原地帯は，かつては会議派の有力な票田であったが，ヤーダヴという数的に有力な低位農民カーストが，独自の指導者を得て政党の組織化に成功し，州政府を握ったり，中央政界への影響力を持つことができるようになったりした。全インド・ナショナリズムを政治基盤として支えていると考えられてきたこれら地域での「州」を舞台とする新たな展開が，1990年代以降のインド政治を特徴付けている。これらが，1960年代から続く南部タミル・ナドゥの地域主義や80年代に始まったアンドラ・プラデーシュの地域主義に加わり，また西ベンガルやケララの左翼政権とも共鳴しながら，州を単位とする政治的展開を大きな政治的潮流とし，東部のオリッサで今は亡きビジュ・パトナイクが願った漠然とした地域主義にも力を与えている。

　州を単位とする政治的展開の背景には，もうひとつ，1991年から開始されたインドの経済・財政改革がある。湾岸戦争後の外国為替危機を契機に，インド政府は国際通貨基金の構造調整改革を受け入れ，急速な経済自由化を進めることになった。その中で，中央政府から州政府への財政的な締め付けが緩和され，州政府はむしろ民間や外国から独自に開発資金調達をすることが求められた。この傾向は，インド人民党主導の連立政権が成立するといっそう強まり，州政党が率いる州政権が独自の政策によって個別に成長する道が促さ

れた。インド南部アンドラ・プラデーシュ州の州政党 TDP による IT 戦略はその代表的なもので，それによる高成長戦略はモデル・ケースとも考えられた。他方で，アンドラ・プラデーシュは資金繰りに行き詰まった農民による自殺が最も多い州の一つでもあった。

2.5 利害表出の単位としての「州」へ

　州が地方的利害を核とする政治的単位としての性格を強める中で，その地方的利害の最たるものが，州の分離・分割要求であろう。しかし，1970年代以降，2000年に3州が分離・分割されるまで，インドでは州の創設は連邦直轄地の州への格上げのみで，既存の州の分離・分割は行われていない。2000年に創設されたジャールカンド，ウッタランチャル (2007年にウッタラカンドに改称)，チャッティスガルは，それぞれビハール，ウッタル・プラデーシュ，マディヤ・プラデーシュを分割して作られた。

　これらの中でもジャールカンドは，インド独立以来の要求であり，元来はビハール南部のみならずオリッサやマディヤ・プラデーシュにまたがり，さまざまな山岳民族が住む広大な地域を州として独立させることを求めていたが，1953年に設置された州再編委員会においても要求が検討されながら，「言語的同一性がない」との理由で拒否されていた。しかし，関連組織の教育活動等を通じて90年代にインド人民党がビハール南部で有力な政党に成長すると，彼らはそこを「ヴァナンチャル」として州に分離する要求を掲げだした。当時，ビハール北部は民族ジャナタ・ダルの党首ラルー・プラサード・ヤーダヴの王国のようになっており，インド人民党は南部を切り離して自身の政治基盤としようとしたのである。1998年にインド人民党を中心とする国民民主連合政権が成立すると，ビハール

南部を分離・分割するプロセスは加速し、反対していた民族ジャナタ・ダルが州内で少数内閣となっていたこともあり、ジャールカンド要求派との妥協が成立して、「ヴァナンチャル」ではなくジャールカンドとしての分離・分割が2000年に州議会で決定された。

ジャールカンドの例が示すように、1990年代以降、州の分離・分割は、州を政治活動の枠組と考えるようになった諸政党、特にインド人民党の、政治的道具となってきた。同党は上記3州のほか、アンドラ・プラデーシュ州からテランガナ地域を分離することも求めていた。テランガナはアンドラ・プラデーシュ州のうち、州都ハイデラバードを含む、旧ハイデラバード藩王国に相当する地域であり、言語州への再編の過程で、同じテルグー語を話すアンドラ州と合併された。合併後も、テランガナが州南部と比べて軽視されており、開発が遅れていると主張して、州を分離・分割する要求は行われたが、インド人民党が1998年総選挙の選挙綱領に入れるまでは、具体的な政治日程に上ることはなかった。インド人民党は1998年に政権に就いたが、連立に参加していたTDPが反対していたため、この時も、テランガナが他の3州とともに州になることはなかった。

それでも、いちど全国政党が綱領化した問題は、どの政党も過半数が取れず連立相手を必要とする中で、他党も課題に掲げざるを得ない。2004年の総選挙では会議派が綱領に掲げ、2009年末には会議派主導の中央政府がテランガナ州を創設するプロセスを開始すると宣言した。それ以後のプロセスも非常に緩慢で、政府が指名する委員会など、専門家は州の分割に慎重な姿勢が際立つ一方、創設要求の運動や行動だけがエスカレートしている。

テランガナ問題は、政党が地域の問題を政治的に道具化する「行

きすぎ」の例かも知れない。しかし，それはまた，インド政治の焦点が「州」に移って来ていることを示す事例でもあるだろう。ネルーら独立運動のカリスマは遠く，「ヒンドゥー・ナショナリズム」には動員力の限界があり，また敵も多く生む。60年にわたる選挙民主主義が憲法制定者の意図を越えて作り上げた「州」という自治と自立の砦は，選挙民にとって身近であるだけに強くアピールする道具として，今後も活用されるのだろうか。

3 連邦制と民主主義

2004年の総選挙では，急速な成長の持続と，印米間を中心とする良好な対外関係にもかかわらず，大方の予想に反して，インド人民党主導の連立与党が敗北した。代わって成立した会議派主導の連立政権は，2009年の総選挙を生き延びたばかりか，より安定した政権基盤を獲得した。とはいえ，かつては単独政権を目指していた会議派も含め，もはや全国選挙で単一政党が過半数の議席を獲得できる状況は遠くなっている。インド国民は，自らの母語で行える，自らに身近な政治に高い関心を持ち，全国レベルの政治はその積み重ねの上に成り立つ，という状況が生まれ始めている。その結果，今日では州議会選挙の行方に全国レベルの選挙と同等，ないしそれ以上の関心が注がれている。

こうしたローカルな政治は，かつてはカシミールやシーク教徒の州であるパンジャーブ州，あるいはアーリア系とは異なるドラヴィダ系の南部諸州の一部に限られていたが，今日ではそれが広く見られ，むしろ全国政党が存立する基盤を奪いつつあるといってよいほどである。ただし，その多くはポピュリスト的な指導者に恵まれて

いた場合に限られている。そして、ローカルなポピュリストは、インドにおいてはカーストや宗教を基盤とした固定的な政治（アイデンティティ・ポリティクスと呼ばれる）を生みがちであり、政治と暴力との連鎖もなかなか断ち切れない。しかしながら、少なくとも、より多くの住民が、彼らの投票と政治とを結びつけ、政治参加により積極的になっていることは確実であろう。インド憲法はこのような連邦制を予定していなかったが、インドの選挙民主主義と政党政治が、60年の時をかけて、連邦制の実質を形成したのである。その意味で、インドの連邦制はインドにすむ民衆が自ら獲得した連邦制であり、「世界最大の民主主義」をより実体化する壮大な実験である、といっても差し支えないであろう。

　他方、特に国民統合という必要性から出発したインドの政治体制にあっては、連邦制を論じる際には、その分権化という側面に注目しがちであるが、今日のように「州」が政治的焦点化した段階に至ると、分権という観点だけからインドの連邦制の政治学を考察するのは不十分である。州政党が発達し、全国政党と州政党との連立が不可避となり、それが小選挙区制における選挙協力にまで及んでいる現状からは、全国政党の占めるスペースは、新たな州で州政党が発達するたびに、狭まってゆくことになる。その際に、統一国家としての政策決定は、どのようなものが、どのようにしてなされうるのか。

　実際には、2つ以上の有力な地域政党同士で選挙戦を戦っている例は、タミル・ナードゥやウッタル・プラデーシュ、ビハールの3州に限られ（この3州だけで連邦下院総議席のほぼ3割を占めるが、1州で15％の議席を持つウッタル・プラデーシュでは、全国政党もまだ有力である）、それ以外の州では、地域政党と全国政党が争っている。

それゆえ、単独過半数は遠くなったとはいえ、第一党となった全国政党は1998年以降、543の連邦下院議席のうち145から206議席を獲得できている。また連立政権においては、首相はもちろん、内相や国防相などの国政上の重要ポストは、全国政党や、その有力な同盟者から出されてきている。その一方で、鉄道相や鉄鋼相など、産業関連の閣僚には連立する州政党の党首らが就いており、利益誘導的要素がかなり明確である。しかしながら、今後州政党化がさらに進み、州内での政治的対抗関係が州政党同士で完結するようなことになれば、全国政党の比重の低下は避けられず、こうした役割分担は見直さざるを得なくなるであろう。その方向への変化はまだ確定的であるとは言えないが、もしそうなった場合に、1960年代に見られたような、州利害の主張と拒否権の行使だけでない政策決定ができるかどうか、特に外交や国防など、州政治では経験できない分野がどうなるのか、有権者がそれを見据えた選択ができるかどうかが問われることになるだろう。

4 おわりに 連邦制に向かう南アジア

非常に安定した政治体制を持ち、結果的に連邦制政治を発展させているインドに比べて、南アジアの周辺諸国はさまざまな統合上の問題を抱え、連邦制的政治へ進むことには消極的であった。スリランカでは、インドの介入も受けながら争われてきた、タミル人の自治要求に関する紛争が、日本を含む国際的な調停努力の崩壊と、政府軍による全面的な武力制圧で2009年に終結し、タミル人との共存を生み出す体制づくりが不透明になっている。

他方、2008年に王制を廃止したネパールは、新しい国家体制とし

て，連邦制共和国を予定している。1962年にマヘンドラ王が非政党制パンチャヤト体制とともに一国家一言語システムを導入したこの国でも，国王が掌握する軍の強制力を背景に，国王の言語であるネパール語以外の学校教育を禁止するなど，厳しい言語差別が行われていた。しかし，山岳地帯に本拠を置き，国王の軍事力に対抗しつつ「解放区」を拡大してきた毛沢東派の活動に，その他の民主勢力が呼応し，2007年末に王制廃止の方向での合意が成立した。そのことによって，それまで抑圧されてきた少数民族の自治要求が噴出し，3千万人ほどの人口の中に59も公認されている民族が，それぞれの自治に向けて動いている。険しい山岳地帯に国内移動を妨げられているネパールは，国内のコミュニケーションも不十分な中で，連邦制の持つ政治的遠心力に耐えうる枠組が作り上げられるかどうかが，制憲議会に問われている。

　南アジアの連邦制は，選挙や直接行動などを通じて，民衆が獲得し，あるいは実質化した連邦制であるといってよかろう。暴力や政治的腐敗の例には事欠かないが，そうしたものを含めた試行錯誤を通じて，南アジアは，そこに住む人々にふさわしい政治体制を模索している。それだけに，今後も，制度的にというよりも政治的に，独自の発達を遂げ，連邦制の新しい地平を切開くことであろう。特にインドは，急速な経済発展と政治的指導力によって，今後の国際社会が無視できない力となりつつある。そうしたグローバルな役割を，民衆が積み上げていく連邦制の下で，どのように果たしてゆくのか。南アジアへの注目が求められるゆえんである。

［注］
（1）　インド憲法は，国防，外交，鉄道，郵便，通貨，国際・州間貿易，銀

行，保険，公共的産業，鉱物資源等に関しては連邦議会に，公共秩序，警察，地方公共団体，公衆衛生，酒類，農業，水利，土地関係，漁業，市場等に関しては州議会に，排他的立法権を与え，刑事法，婚姻，民事手続法，薬物，労働関係，社会保障，教育，専門職，価格統制，工場，電力業に関しては両者が立法権を有している。両者が立法権を有する事項につき，連邦法と州法に不一致があった場合は，州法に大統領の同意がある場合以外は連邦法が優越する（第254条）。また州議会が排他的立法権を有する事項についても，連邦上院が国益に必要ないし資すると三分の二多数で決議した場合（第249条）や非常事態下（第250条）では連邦議会の立法が一定期間効力を有する。さらに，いずれにも分類されていない，いわゆる残余権限については，連邦議会が立法権限を有している（第248条）。

（2）　南インドにアーリア文化を持ち込んだのは，最高位カーストとして，また土地所有者として，宗教的社会的経済的に支配的地位にあったバラモンであり，彼らは英国による植民地化に際しても，彼らの修学の伝統を通じて英語を学び，植民地行政に加わることで，タミル語を使う非バラモン大衆とのギャップを拡大した。こうした事情から，タミル・ナショナリズムは反バラモン運動として20世紀初頭に政治運動となった。

（3）　インド憲法はヒンディー語をインドの公用語と規定しているが，憲法施行後15年間は，英語を連邦政府公用に使用することを認めていた（第343条第2項）。

（4）　平等党は，すでに憲法上の留保を確保している指定カーストを有力な支持基盤としていた。

（5）　インド人民党主導の国民民主連合政権（1998—2004年）の国防相に，平等党（後にジャナタ・ダル統一派）のジョージ・フェルナンデスが就いた。

（6）　2009年の総選挙で，それまで鉄道相を出していた民族ジャナタ・ダルが連立を離脱し，総選挙後，新たに全インド・トリナムル会議の党首ママタ・バナージーが鉄道相に就任すると，計画されていた機関車工場の建設予定地が民族ジャナタ・ダルの本拠，ビハール州のパトナから全インド・トリナムル会議の本拠である西ベンガル州に移されたのは，この典型例である。

参考文献

広瀬崇子編著『10億人の民主主義 インド全州,全政党の解剖と第13回連邦下院選挙』御茶ノ水書房,2001年。

堀本武功・広瀬崇子編『現代南アジア3 民主主義へのとりくみ』東京大学出版会,2002年。

広瀬崇子・南埜猛・井上恭子編著『インド民主主義の変容』明石書店,2006年。

近藤則夫編著『インド民主主義体制のゆくえ―挑戦と変容―』アジア経済研究所,2009年。

第7章 台湾:台湾版「平成の大合併」と
「一国両制」をめぐって

前 田 直 樹

1 本章の目的

　本章では，1．より高度の自治性を求めて地方自治体の合併・昇格を進めつつある台湾の例と，2．「一国両制」のもとで高度な地方自治権を有する香港と台湾との関係をとりあげる。台湾の地方自治体の合併と「一国両制」とは別個の議論のようでいて，台湾での住民自治の達成という点では共通点がある。本章で検討する目的は，道州制と住民自治をめぐる諸課題への理解を深める一助となることにある。

2 台湾版「平成の大合併」に向けて

2.1 はじめに

　台湾（正式には中華民国）において本書刊行時点で進められている地方自治体の合併・昇格は，主に財政基盤の強化と権限の拡大とを目的に，自治権限のより高い地方自治体への移行を目的にしている。まず，現行の地方自治制度について概観し，そのうえで大合併

144　第7章　台湾：台湾版「平成の大合併」と「一国両制」をめぐって

図1　台湾の地方自治体

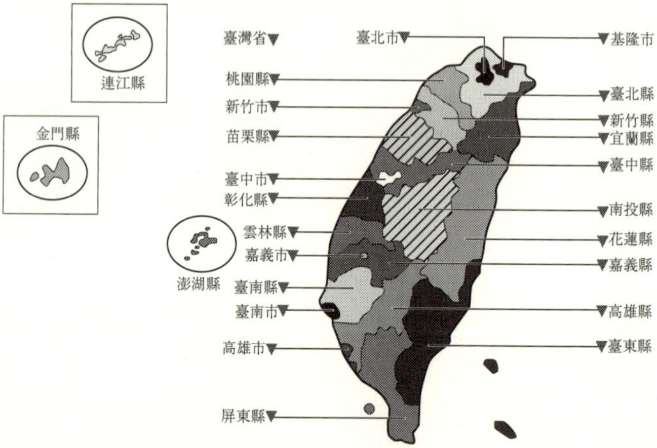

出典：内政部ホームページ（http://www.moi.gov.tw/）

を推進する上で，現在，何が課題となっているのかについて検討する。

なお，台湾での地方自治体合併は現時点でも議論中の課題が多く残されており，合併成立時には本章の内容と異なる可能性のあることを予めお断りしておきたい。

2.2　台湾の地方自治制度

台湾の地方自治は，憲法の「第十章　中央と地方の権限」，「第十一章　地方制度」において，国と地方との関係についての基本的枠組みが定められ，台湾の地方自治法とも呼ぶべき地方制度法において地方自治制度が詳しく規定されている（以下，台湾の地方自治体の概要は，【図1】・【表1】「台湾の地方自治体」を参照）。

基本的な構成単位は，以下の通り地方制度法第3条に規定されて

表1　台湾の地方自治体

	土地面積 (km²)	人口 (千人)	人口比率 (%)	歳出(A) (億元)	自主財源(B) (億元)	中央統籌分配税 (C)(億元)	比率 (B+C)/A
総計	36,191	23,131	100	9,256	3,803	1,962	62
台北市	272	2,605	11.26	1,482	865	419	87
高雄市	154	1,528	6.61	686	299	124	62
（台湾省）							
台北県	2,053	3,882	16.78	966	387	327	74
宜蘭県	2,144	462	2	183	40	29	38
桃園県	1,221	1,983	8.57	456	233	62	65
新竹県	1,428	512	2.21	206	56	31	42
苗栗県	1,820	562	2.43	236	53	35	37
台中県	2,051	1,563	6.76	401	148	72	55
彰化県	1,074	1,312	5.67	300	88	69	52
南投県	4,106	530	2.29	217	57	43	46
雲林県	1,291	722	3.12	234	46	51	42
嘉義県	1,904	547	2.36	229	42	42	37
台南県	2,016	1,104	4.77	333	85	59	43
高雄県	2,793	1,243	5.37	335	109	64	51
屏東県	2,776	881	3.81	305	57	59	38
台東県	3,515	233	1.01	116	15	30	39
花蓮県	4,629	341	1.47	156	28	33	39
澎湖県	127	96	0.42	77	7	16	30
基隆市	133	388	1.68	154	45	30	49
新竹市	104	413	1.78	167	70	25	56
台中市	163	1,076	4.65	356	212	33	69
嘉義市	60	274	1.18	105	35	17	50
台南市	176	772	3.34	254	105	33	54
福建省							
金門県	152	95	0.41	95	62	12	78
連江県	29	10	0.04	24	3	3	23

出典：面積・人口は行政院主計處ホームページ（http://www.dgbas.gov.tw/），財政は財政部ホームページ（http://www.nta.gov.tw/）公開の資料を筆者が整理した。

注：人口は2010年3月末現在，財政関連の数値は2008年度のものである。ゴシック体は行政院直轄市および行政院直轄市への昇格が決定した地方自治体である。

第7章 台湾：台湾版「平成の大合併」と「一国両制」をめぐって

図2 台湾の地方自治体のレベル

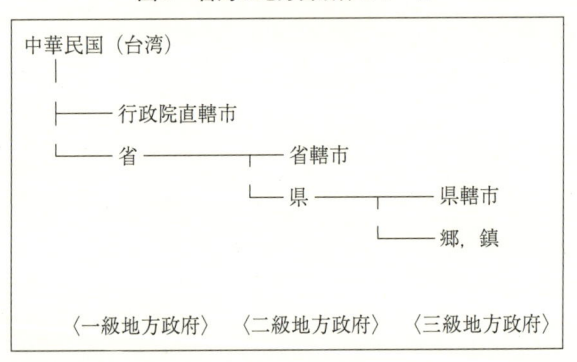

```
中華民国（台湾）
    │
    ├──── 行政院直轄市
    └── 省 ────┬── 省轄市
              └── 県 ────┬── 県轄市
                        └── 郷，鎮

   〈一級地方政府〉  〈二級地方政府〉  〈三級地方政府〉
```

出典：筆者作成

いる（括弧内は参考のための英訳である）。

「第3条 地方は省（Provincial Governments）と直轄市（Special Municipalities）に区分する。

省は県（Counties）と市（Cities）（以下，県市と称す）に区分し，県は郷，鎮（Townships），県轄市（County‐administered Cities）（以下，郷（鎮，県轄市）と称す）に区分する。

直轄市および市は区（Districts）に区分する。」[1]

これを模式化したのが【図2】「台湾の地方自治体のレベル」である。台湾では，地方自治体を地方政府と呼び，最上位の地方政府（「一級地方政府」と呼称），すなわち自治性の最も高い地方政府が省となる。省は，現在，台湾省と福建省の2省だけである。しかも，台湾省は「廃省」と呼ばれる事実上の廃止状態にあり，また福建省は中国大陸沿岸の沿岸諸島，すなわち大陸部を含まない金門県と連江県からなる。これは，戦後の歴史的経緯に由来する。

第二次世界大戦の終結後，台湾は日本の植民地から脱し，中国（当時，中華民国）の一部としての台湾省が成立した。しかし，まもなく中国は「国共内戦」（国民党と共産党の内戦）に突入し，国民党政府は敗れて台湾へ移転した。中国大陸には中華人民共和国が成立し，中華民国は国民党政府の実効支配する台湾地域と大陸沿岸の小島のみ（すなわち福建省の金門県と連江県）となった。

 この結果，実効統治をしているのが台湾地域のみにもかかわらず，国民党政府が移転したことによって，中央行政府である行政院と台湾省の行政管轄区域がほぼ重なるという，屋上屋を架す状態になった。これは，国民党政府こそが中国の正統政権との理由から台湾移転前の中国大陸時代の行政制度をそのまま維持しようとしたからである。このため，いびつな状態の解消をも目的として，1998年12月，台湾省は事実上廃止され，二級政府，つまり直轄市と県は行政院に直属するように改められたのである。

 直轄市とは，行政院の直下にあるため，一般には行政院直轄市と呼称される。行政院直轄市は，地方制度法第4条に規定される「人口が125万人以上に達し，かつ政治，経済，文化および都市区域の発展において特別な必要のある地区」として省と同等レベルの地方自治体であり，権限等の面で高度な自治性を有する。日本の地方自治法第252条の19以下に規定されている指定都市（いわゆる政令指定都市）を想起すれば理解しやすい。

 県と市は，同等レベルの地方自治体である。県と市の権限は同一であり，歳入の大きな柱である地方税の項目や比率も同一で，同じ財政基盤である。また，県轄市，郷，鎮は，日本の県を行政範囲とする区域内の市町村に相当する三級地方政府である。したがって，台湾では市と県轄市は，どちらも市を名乗るものの，権限や税収構

造の点で大きく異なる。

郷と鎮は，本来は人口規模を基準に区分されていた。だが，大都市圏の周縁地区などでは人口増加が進んだため，郷・鎮設置時の人口多寡による区別は現在では意味を持たないものになっているが，変更されることなく現在に至っている。

このように台湾の地方自治は，2省（台湾省，福建省），2行政院直轄市（台北市，高雄市），5台湾省直轄市（台中市ほか），18県（台北県ほか）を構成単位としている。省の存在をひとまず脇に置けば，台湾の地方自治制度は日本のそれとの相似点を多く見いだすことが可能であろう。

2.3 行政院直轄市への昇格

台湾で現在進行中の市町村合併は，比較的な大きな県と市の合併による直轄市への昇格を求めるものである。これは，台北県の場合（行政院直轄市「新北市」への昇格）を除き，台中市と台中県，台南市と台南県，高雄市と高雄県との単純な合体である。それぞれ，行政院直轄市である新「台中市」，新「台南市」，新「高雄市」への昇格を目指している。現在の2行政院直轄市，18県を，5行政院直轄市，15県へと改めるものであり，台湾では「三都十五県」（構想）とも呼ばれる。

これは，境界変更を伴わない単純な合体であり，地方制度法で規定されている。

> 「第7条　省，直轄市，県（市），郷（鎮，市）及び区（以下，郷（鎮，市，区）とする）の新設，廃止あるいは調整は法律の規定により行う。」

それでは，なぜ行政院直轄市への昇格を求めているのであろうか。先に示した地方制度法第4条での人口要件ならびに「政治，経済，文化および都市区域の発展」との規定から，地域の中核都市としての機能を果たすことが想定されている。この中核都市的機能を果たすために，行政院直轄市には，他の県や市と比べて，事務の権限，そして歳入上の優遇措置を認めている。まず，行政院直轄市の事務の権限は，独自の裁量によって処理できる事務（許認可，承認，命令などを含む）の範囲の拡大という点で，日本の指定都市同様と考えられる。

 次に，行政院直轄市の財政について見てみよう。台湾の地方自治体の主な歳入は，日本と同様に，税収と中央政府（国）からの補助である。このうち，行政院直轄市の具体的な地方税については，財政収支区分法第12条と同法附表で列挙されている(4)。

 国税の一部も，行政院直轄市の歳入として配分される。これについては，地方制度法第66条で，「直轄市，県（市），郷（鎮，市）に分配する国税，直轄市および県（市）税は，財政収支区分法の規定に基づき処理する。」と，国税の一部を地方自治体の収入とすることが明記されている。

 具体的には，財政収支区分法によって，国税のうち所得税総収入の10％，営業税総収入の40％，貨物税総収入の10％を「中央統籌分配税」として地方自治体に配分することが定められている(5)。さらに，この中央統籌分配税は，その総額の6％を地方での緊急用に保留（特別統籌分配税款）し，残りの94％が実際に地方自治体に分配（普通統籌分配税款）される（財政収支区分法第16条の1）。

 この中央統籌分配税を原資に中央統籌分配税款分配弁法で各地方自治体への分配比率が規定されている。比率は，同弁法第7条によ

れば、県・市への配分が39％、郷・鎮への配分が12％に対して、行政院直轄市へ配分比率は43％になっている（【表1】および【図3】「統籌分配税の地方自治体への配分比率」を参照）。

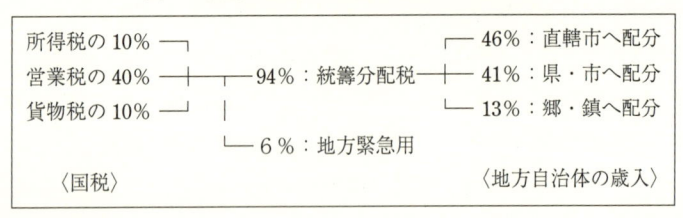

中央統籌分配税は、国税を原資とし使途を特定されずに分配される点で、いわゆる使い勝手がよく、日本の地方交付税に相当するものである。行政院直轄市になれば、その多寡はさておき、歳入は確実に増加する。ここに、行政院直轄市への昇格を地方自治体側で求める最大の理由がある。

また、国庫からの補助は、財政収支区分法第30条で「中央（政府）は全国の経済の均衡発展を図るため地方政府に補助を与えることができる」と規定されており、これに基づいて行われる。基本法とも呼ぶべき地方制度法に規定されておらず、また根拠となる条文は「与えることができる」との表現であるが、中央統籌分配税とともに地方自治体の大きな歳入源の一つになっている。

しかしながら、その使途は「効果が多岐にわたり、整合性を兼ねそえた計画」や複数の地方自治体にまたがる「建設計画」など、4項目に限定することを財政収支区分法で明記している。これは、国が地方自治体に支出する資金であり使途を特定している点で、日本

図3　統籌分配税の地方自治体への配分比率

```
所得税の10％ ┐                        ┌ 46％：直轄市へ配分
営業税の40％ ┼──94％：統籌分配税──┼ 41％：県・市へ配分
貨物税の10％ ┘      │                └ 13％：郷・鎮へ配分
                    └ 6％：地方緊急用
      〈国税〉                          〈地方自治体の歳入〉
```

出典：筆者作成

の国庫補助金(国庫支出金)に似通っている。この「計画」執行への支出限定によって,国庫からの補助は,国,すなわち行政院が何らかの施政計画の執行を地方自治体に求める,あるいは逆に地方自治体が国の施政方針に沿った中身の計画を立ち上げる場合に,事実上,限られてしまっているのである。

したがって,財政収支区分法で「中央(政府)は全国の経済の均衡発展を図るため」として設けられた国庫からの補助は本来的な意義を失い,地方自治体の基本収支のバランスをとる役目,言い換えれば地方がより多くの配分を手にする手段として,中央統籌分配税が重みを増すことになる。このことが,地方自治体が行政直轄市への昇格を目指す背景にある。(6)

2.4 合併をめぐる課題

ここでは,道州制と住民自治との問題を考察するために,現在進行中の行政院直轄市への昇格を例に取りあげる。具体的には,昇格をめぐって多くの議論の的となっている3つの課題,すなわち行政院直轄市への昇格決定過程,昇格後の歳入不足問題,地方政界の調整である。

台湾での地方自治体の合併は,先に述べたように地方制度法の第7条で「法律の規定により行う」と規定されている。だが,続く第7条の1において,「県(市)の改制あるいはその他の直轄市,県(市)との合併によって直轄市への改制を計画する場合……(それぞれの)直轄市,県(市)議会の同意を経て……行政院の認可を求めなければならない」との但し書き条項がある。2009年12月に台北県などが行政院直轄市に昇格することが決定したが,これは第7条に定められている別途の「法律の規定」によってではなかった。そも

そも，地方自治体の廃置分合または境界変更の根拠となるべき「行政区画法」は，未だ草案段階であり立法化されていない。

行政院直轄市への昇格は，第7条の1に基づき，行政院の認可によって決定した。だが，行政院の認可に至る過程では，いかなる基準で審議したのかが公開されず，いわばブラックボックスになっていた。事実，他の県・市（省轄市）の合併・行政院直轄市昇格が決定したものの，台南県・市の合併・昇格案は，当初，「観察」（昇格保留のこと）との決定であった。しかし，台南県・市政府らの積極的な働きかけで，ほどなくして行政院直轄市への昇格が決定した。「観察」との決定を覆した理由は説得的なものではなく，審議過程は不透明のままである。現状は，行政院のフリーハンドに委ねられているのである。

さらに重視しなければならないのは，行政院直轄市への昇格あるいは県・市（省轄市）の合併は，該当地域の議会の議決（同意）を経てはいるものの，その是非を問う住民投票の制度が整備されておらず，民意の問われる機会がなかったことである。そもそも台湾には，日本のように当該地域住民の発議で合併を求めていく道筋も法制化されていない。行政院での審議の不透明さ，そして住民主導ではない合併・昇格過程によって，台湾では県・市（省轄市）合併による行政院直轄市への昇格が，いったい「誰のため」の合併・昇格であるかの疑問を残すことになった。この疑問の存在は，団体自治の優先と住民自治の軽視とも言い換えることができるがゆえに，地方自治の根幹に関わる。行政院直轄市への昇格をめぐる課題の中で最大のものだといえるだろう。

日本の多くの地方自治体では，歳入の多くを地方交付税等に頼ることから，俗に「三割自治」と呼ばれることがあるが，台湾でも同

様の現象がみられ、自主財政基盤の脆弱さを揶揄して、「三級政府、四級財政」と呼ばれる。それでは、行政院直轄市になれば、財政状態は安定するのであろうか。

　行政院直轄市への昇格によって、先に述べたように歳入の規模は確実に増大する。しかし、負担義務も同時に増大するのである。身近な分かりやすい例として、国立・省立機関から行政院直轄市立機関への管理変更がある。台北県にある国立・省立の学校や病院は、行政院直轄市・新北市への昇格に伴い、新北市立の学校や病院となる。これらの機関の運営では、人件費等の直接経費はもとより、固定資産税や建築物の建て替え費用もすべて負担しなくてはならなくなる。確かに中央統籌分配税は増加し、一部の国税も行政院直轄市税へと移行するが、県・市時代と変わることのない地方税も同時に増加するのだろうか。この問題については、地方財政の専門家の間でも意見が分かれているが、地方税収は大きく増加せず、また新たな負担費用が中央統籌分配税や行政院直轄市税収の増加分を上回るとの見方が強い。

　このような行政院直轄市への昇格後の歳入不足を予測して、地方制度法でも中央統籌分配税と国庫からの補助について、「(行政院) 直轄市への改制時には……統籌分配税及び補助の総額は当該 (行政院) 直轄市の改正前よりも少なくなってはならない」(同法第87条3)との規定を設けてはいる。しかし、これはあくまでも中央統籌分配税と国庫からの補助が昇格後も減少しないことを定めたに過ぎず、増加する負担にどのように対応するかは、依然として未定のままで行政院直轄市昇格が進められている。

　このほか、行政院直轄市への昇格にあたり先送りとなっている課題に、地方政界の調整がある。端的には、行政院直轄市昇格後の地

方議会の定員数問題である。地方制度法第33条の第1項の1は,行政院直轄市議会の議員総数を,「原住民(台湾での先住民族の正式呼称)人口を除いた直轄市人口が200万人以下の場合,55人を超えてはならない。200万人を超える場合は,62人を超えてはならない」と規定する。県・市議会の議員総数については,第2項の1で「人口40万人以下の場合は33人を超えてはならない。人口80万人以下の場合は,43人を超えてはならない。160万人以下の場合は,57人を超えてはならない。人口が160万人を超える場合は,60人を超えてはならない」と定めている。

高雄市と高雄県との合併による新・高雄市を例にしてみよう。現・高雄市は行政院直轄市で人口152万人のため,議員定数は最大で54人,高雄県は人口124万人で最大56人である。合算すれば110人である。ところが,行政院直轄市への昇格後は,人口が200万人を超えるため,第1項の1の規定によって,議員定数は最大で61人となる。議員定数をほぼ半減しなければならなくなるのである。

台湾地方政治の特徴の一つとして,地方の政治派閥と中央の政治派閥との間に必ずしも直接の系列関係が存在していないことがある。これは,日本の地方政治家が,無所属の議員を除くと全国政党に属し,政党本部ないしは当該地方選出の国会議員の意向に大方で従う傾向にあるのと大きく異なる点である。したがって,合併による行政院直轄市昇格後の重要な政治課題は,合併後の地方議員数の調整であり,それは地方政治派閥の伸張に直結する問題であるため,住民不在での政治闘争になる可能性を否定できないものとなっている。

ここまで見てきたように,行政院直轄市への昇格をはかることで地方自治性を高めるとはいうものの,昇格後の見取り図が曖昧であ

ることは否めない。とりわけ,「誰のための合併・昇格か」,すなわち住民自治や住民サービスの議論が十分になされておらず,ここに大きな課題が残されていると指摘できよう。

3 香港での「一国両制」と台湾の住民自治とをめぐって

3.1 はじめに

中国は,台湾に適用することを想定して香港で「一国両制」(「一国二制度」, "One Country, Two Systems")を実施している。「一国両制」は,高度な自治性を有する点で道州制と相似する部分も多く,そこでは住民自治をいかにして保障するかが一つの課題になっている。

現代の台湾では,「中国との統一か,台湾の独立か」の間を揺れ動きながらも民主化を進めている。中国・台湾間の「一国両制」をめぐる動きを俯瞰することで,台湾住民による台湾自治,すなわち住民自治の意味について考察してみる。

3.2 香港での「一国両制」の実施

中国が「一国両制」を公にしたのは,1979年,当時の最高指導者であった鄧小平の発言においてである。鄧は,中国との統一後も「台湾の住民は引き続き自分たちの資本主義的生活様式を享受すると共に,台湾は軍隊を保有し,政治的自治を享受する」と語った。その後,1981年,全人代常務委員長であった葉剣英が「葉九条」において詳細に列挙した。このうち,「一国両制」の骨子となるのは,第三点の「統一後の台湾は特別行政区として高度な自治権を有し,軍隊を保有することができる」,第四点の「台湾の社会経済制度を

変更せず,外国との経済・文化関係を変更しない。個人の財産,企業の所有権を保障する」であった。これは,一つの国家内部に異なる政治・経済イデオロギーの並存を認めようとするものであった。同時に,一つの国家とは中華人民共和国であり,また台湾の「特別行政区」は地方自治政府であって,あくまでも中国主導による統一をめざすものであった。

このように,「一国両制」は元来,日本やアメリカの台湾との断交を受けて,台湾の併合による中国統一を念頭に構想されたものであった。言い換えれば,「一国両制」とは,当時の国民党一党独裁体制の存在を前提としたものであり,国民党との交渉によって台湾の併合を可能ならしめる手段であった。ところが,「一国両制」構想は,後述するように台湾の民主化によって挑戦を受けることになった。

「特別行政区」制度は1982年の憲法修正で制度化された。その後,1984年にイギリスの植民地であった香港の返還交渉が合意に達し,香港に「特別行政区」が援用されることになった。こうして,1997年,「香港特別行政区」が発足した。返還後の香港では,返還前後に懸念されたような言論の自由の大幅な規制は起きてはいない。むしろ課題となっているのは,中国政府に対する香港住民,あるいは「香港特別行政区」政府の「自主規制」である。つまり,香港の住民自治は,香港住民の,そして「香港特別行政区」政府の主体性の発揮によって,担保されているのである。

3.3 台湾の民主化と「一国両制」

(表2)は,台湾での「将来の両岸関係(中台関係)への見方」の世論調査結果である。この結果から,中台関係の「現状維持」が台

湾社会で多数意見となっていることが読み取れる。中国との統一に関する台湾住民の反応は鈍く（行政院大陸委員会の調査で11.0％），また台湾独立への積極的同意も決して多くはない（同22.4％）。このような統一志向と独立志向とが交錯する世論の背後には，中台関係における共産主義陣営と反共産主義陣営という図式の冷戦史とは異なる戦後中国・台湾史の存在がある。

中国清朝末期の半植民地状態は，当時の人々に中国の統一こそが至上命題であると認識させた。第二次世界大戦終結後，国民党は共産党との内戦に敗れて台湾へ移転したが，中国再統一をあきらめたわけではなかった。国民党は，大陸反攻のために台湾で一党独裁体制を構築し，戒厳令のもとで国民党反対派を容赦なく弾圧した。ま

表2　世論調査「将来の両岸関係（中台関係）への見方」

調査日・調査機関	2008/11/6 『聯合報』紙	2008/12/19-21 行政院大陸委員会（中華徴信）		
なるべく早く統一	4％	2.0％	広義の統一支持 11.0％	広義の現状維持支持 97.7％
現状維持，その後に統一	5％	9.0％		
現状維持，情勢を見て独立か統一かを決定		40.9％		
永遠に現状維持	49％	25.5％		
現状維持，その後に独立	16％	16.4％	広義の独立支持 22.4％	
なるべく早く独立	16％	6.0％		
意見なし	10％	0.3％		

出典：行政委員大陸委員会『2008年両岸関係国内各界民意調査総合分析』（台北市，2009年）等をもとに筆者作成

た，台湾が日本植民地であったことから，中国式教育に力を注いで中国統一を喧伝した。これらは，少数派の外省人優位の政治・社会システムであり，本省人との間に社会的に相当に深刻な溝をもたらした。
(7)

1987年の戒厳解除を嚆矢に，台湾の民主化は1990年代を通して大きく進んだ。だが，（表2）世論調査「将来の両岸関係（中台関係）への見方」が示す通り，一党独裁体制の崩壊は中国との統一機運を高めはしなかった。それは，台湾での民主化が「台湾化」でもあったからである。

本省人の多くにとって，国民党一党独裁体制とは本省人の政治参加を排除して外省人が台湾を統治する体制であり，民主化とは台湾住民の大多数を占める本省人の政治参加を保障することであった。このため，台湾住民が台湾のことを決めるという民主化は，台湾社会の「台湾化」を伴っていた。これが，台湾と中国とは異なるとの意識の高まりや台湾独立論の基底にある。

それでは，台湾住民の大半が統一を求めず独立を求めないという意味での「現状維持」を選択している中，「一国両制」へはどのような態度を示しているのか。台湾の総統選出は，中国全土から選出された国民大会代表による間接選挙方式であったが，1996年に台湾住民を有権者とする直接選挙方式に改められた。これは，台湾の民
(8)
主化が大きく進展し，その政府が正統性を有することを内外に示すものであった。それは同時に，中国はもとより第三国に対して，「一国両制」の台湾適用への無効性を訴えるものでもあった。

もっとも，台湾住民の「一国両制」に対する態度は，（表3）「『一国両制』モデルによる両岸問題（中台関係）解決への見方」に見られるように，反対が一貫して多数を占めるものの，長期的には

表3 世論調査「『一国両制』モデルによる両岸問題（中台関係）解決への見方」

調査日	賛成	反対	意見なし	調査機関（委託先）
1990/1	7.7%	74.1%	18.3%	行政院大陸委員会（中華徴信）
1991/8	8%	53%	39%	『聯合報』紙
1994/2	4.1%	73.8%	22.2%	行政院大陸委員会（政治大学）
1995/3	7.8%	84.5%	7.7%	行政院大陸委員会（中華徴信）
1997/7	21%	62%	17%	『聯合報』紙
1998/4	8.5%	81.2%	10.3%	行政院大陸委員会（柏克市場調査）
1999/9	20.4%	58.1%	21.5%	『聯合報』紙
1999/10	8.5%	75%	16.5%	行政院大陸委員会（中正大学）
1999/12	13%	59%	28%	『中国時報』紙
2001/6	10.6%	75.2%	14.2%	外交部（政治大学）
2001/6	29.0%	57.0%	14.0%	『聯合報』紙
2003/10	17.0%	67.0%	—	『聯合報』紙
2003/11	7.4%	71.4%	21.2%	行政院大陸委員会（政治大学）
2004/12	12.9%	75.4%	11.7%	行政院大陸委員会（柏克市場調査）
2006/12	14.6%	73.0%	12.4%	行政院大陸委員会（政治大学）
2008/3	13.2%	81.7%	5.1%	行政院大陸委員会（中華徴信）
2008/8	8.1%	81.8%	10.1%	行政院大陸委員会（政治大学）

出典：行政委員大陸委員会『2008年両岸関係国内各界民意調査総合分析』（台北市，2009年）等をもとに筆者作成

賛成が微増する傾向にある。これは，中台間の経済関係に関連している。台湾は，輸出主導型経済政策のもと，1970年代以降に急速な経済発展を遂げたが，その輸出先はアメリカであり，そして香港を中継地とする中国であった。とりわけ，中国が改革開放体制に舵を

表4　2007年度貿易相手国

(単位：百万米ドル)

相手国	輸　出		輸　入	
	総額	比率	総額	比率
アメリカ	32,077	13.0%	26,508	12.0%
日本	15,934	6.5%	45,937	20.9%
中国・香港	100,396	40.7%	29,840	13.6%

出典：行政院新聞局『2007年中華民国統計年鑑』（台北市，2008年）

切ってからは，中国向け輸出は急増し，2007年には中国向け輸出が全体の40パーセントを超えている。台湾経済は，今や中国を抜きにして成り立たないまでになった（【表4】「2007年度貿易相手国」参照）。経済関係の深まりと，これに伴う台湾人の中国への往来の増加とによって，「一国両制」下での経済運営や中国社会に対する不安が減少していると言えよう。

4　おわりに

2007年のアメリカの金融危機に端を発した世界的経済不況は，台湾経済にも大きな影響を与えた。2008年に発足した馬英九政権は，経済の立て直しを第一に掲げて当選した。馬政権は，台湾経済回復の鍵を中国との経済関係の一層の緊密化に求めている。それは，政治的には中国との敵対的な関係に終止符を打ち，一種の平和的相互依存関係を法制度的にも確立しようとするものであり，中国と協定締結交渉を断続的に継続している。また，2000年に発足した陳水扁政権の8年間では，陳政権が台湾独立に繋がる発言を行い，それに中国が強硬に反発し，その中国の対応を心配するアメリカが台湾に

圧力をかけるパターンが繰り返された。このため,統一か独立かを曖昧にしつつも中国との緊密化を進める現政権のアプローチは,短期的には,中国とアメリカの支持を得つつ継続するものと考えられる。

このような国際環境のもとで進められている地方自治体の合併・昇格は,現政権の中国政策決定過程に直接の影響を与えるものではないかもしれない。しかし,台湾の民主化過程で人々に自覚させた,台湾地区のことは台湾の住民が決めるとの住民意識は,住民自治をめぐる課題のみならず,中台関係を考える際にも無視できない要素である。

むろん中国は,台湾経済,そして現政権の態度を自らの政策に積極的に組み込むことで,統一を進めようとするであろう。この過程において留意しなければならないのは,「一国両制」下であれ,あるいは道州制下であれ,台湾において住民が自らの意思で自らの行く末を決定するという住民自治原則を保障できるかどうかである。

[注]
(1) このほか里・隣という最小単位が存在するが,地方自治体としての機能はほとんど有していない。
(2) 台湾省政府は地方自治体の最上位の構成単位として形式上残されてはいるが,行政事務は執り行っていない。
(3) 行政院直轄市と県・市とでは地方税の種類と比率は全く同じではなく,地方税種目で若干の異同がある。
(4) 遺産相続税のように国と地方自治体とで折半する税種目も存在する。
(5) 行政院新聞局によれば,全税収の上位3税は中央統籌分配税の原資となる所得税,営業税,貨物税であり,それぞれ41.9%,14.6%,8.4%を占める。「国情簡介」http://info.gio.gov.tw/。また,中央統籌分配税は国税を原資とするが,地方税を原資とする県統籌分配税も存在する。例え

ば，地方税のうち県の税収となる地価税（固定資産税の一種）は，全体の50％を県の歳入に組み入れ，30％を課税対象地域の郷・鎮・市に分配，20％を県統籌分配税として県下の郷・鎮・市に分配することが定められている（地方収支区分法第12条）。
(6) この他，政治家の業績作りの側面も考えられる。
(7) 「外省人」とは国民党政権と共に中国大陸から渡来した人々とその子孫，「本省人」とは国民党統治以前から台湾に住んでいた人々とその子孫を指す。
(8) 1948年に中国全土から選出された国民大会代表は，その後に選挙の実施が不可能になったため，任期を何度も延長していた。

［文献］

日本語文献では，残念ながら参考に供しうる専門図書はない。台湾の地方自治制度，台湾と「一国両制」との関係については，次の定評ある研究書を手がかりにしていただきたい。

若林正丈，2008，『台湾の政治：中華民国台湾化の戦後史』東京大学出版会。
台湾の地方自治体財政については，以下文献がある。
川瀬光義，1996，『台湾・韓国の地方財政』日本経済評論社。
川瀬光義，2004，「第7章　地方自治―「精省」後の自治体財政―」，佐藤幸人・竹内孝之編『アジア経済研究所トピックレポート No. 51　陳水扁再選―台湾総統選挙と第二期陳政権の課題―』アジア経済研究所。

第8章　道州制論の系譜
―― 昭和戦前・戦後の構想

森　邊　成　一

1　はじめに

　1888（明治21）年，明治政府の廃藩置県と府県の統廃合を経て，1道3府（東京府と大阪・京都府）43県の行政区画が最終的に成立した。以来，今日まで120年以上にわたって，地理的広がりとしての都道府県は，変わることなく続いている。戦後も含めて，住民に比較的近い国の施策の大部分が，都道府県（以下府県と略称する）を経由して実施されたこと，第二次大戦中の国策による地方銀行や地方新聞の合同（「一県一行」や「一県一紙」），あるいは戦後の新制国立大学の設置や参議院地方区の創設により，政治，経済そして文化の単位として，府県は，歴史的に，そのまとまりを増してきた。さらに広くは，夏の高校野球や国民体育大会に代表される，スポーツの対抗戦が，県民意識を定着させてきた原動力であったといえるかも知れない。今日，府県制は，「国民の生活や意識の中に強く定着」[1]しているといってよい。道州制の導入は，そのように強く定着した府県制の廃止を伴う，大改革になろうとしている。

　こうした道州制導入という，大きな改革の試みも，実は，府県制

の展開と定着に並行する形で，戦前昭和の始まりとともに，過去に何度も試みられている。つまり80年以上の歴史をもつのである。この講義では，その歴史をふり返り，過去に学びながら，現在の道州制改革の意義を考えて見ようと思う。その際，大きくは，三つの時期，分権改革が問題とされ，府県知事の公選制導入が課題となる昭和初期の政党政治期，次いで，国策の強力な遂行が課題となる，集権的な戦時動員体制期，次いで，府県制改革を一つの柱とする戦後民主化・分権化改革を経て，その再集権化が課題となる1950年代を，順次とりあげていこうと思う。昭和初期，道州制導入の検討が，地方分権の推進とともに始まりながらも，その当初から，分権に反する中央集権的なモメントがあり，道州制の導入が手放しで，地方分権の強化に繋がるとは言い難い側面があった。そうした過去の経験に照らしながら，今次の道州制改革の意義を考えることが必要であり，この講義では，そのための予備知識を，得ていただきたいと思う。

　なお，本稿では，戦前前後昭和期の道州制論の中でも，戦後の第四次地方制度調査会における，「地方」と称される道州制の導入をめぐる論争を，論点別に，やや詳しく紹介しておいた。今日の道州制を考える上で，いずれも示唆に富む論点であると考えられるからである。

2　昭和戦前（政党政治期）：分権化と官治的集権体制の再編成としての道州制

2.1　戦前官治・集権体制の下での府県制

戦前の明治憲法体制の下では，府県制は，極度に中央集権的な国

2 昭和戦前（政党政治期）：分権化と官治的集権体制の再編成としての道州制

家体制に組み込まれていた。(2)当時，府県は，国の行政区画であると同時に，地方自治の単位であった。府県庁は国の総合出先機関であり，知事をはじめ幹部職員は，国の内務省の職員（官吏）が，内務大臣によって任命（官選）され，人事異動によって府県に赴任し執務していた。しかし，他方では，その行政の多くが府県税によって，賄われていたことから，住民（男性の納税者）に選挙された府県会をもつ地方自治体でもあった。したがって，府県は，俗に「半自治体」と呼ばれていたのである。

しかし，1920年代，大正の後半期にもなると，いわゆる「大正デモクラシー」の，国民的な政治的・社会的民主化の運動が，男子普通選挙を基礎とする「政党政治」として定着する。それまでの薩摩藩や長州藩出身者（薩長藩閥）を中心とする軍人や文官の首相と内閣に代わって，衆議院の政党を率いる政党総裁が，内閣を組織するようになった。そして，政友会と（憲政会，後の）民政党とが，二大政党として政権交代をくりかえすことになるのである。

2.2 戦前政党政治の地方自治改革

そうした中で，分権改革を構想したのが，1927（昭和2）年成立の田中義一政友会内閣である。政友会は，「地方分権」を重要政策に位置づけ，28年総選挙では「(政友会)地方分権丈夫なものよ，ひとりあるきで発[はっ]てんす／(民政党)中央集権不自由なものよ，足をやせさせ杖もらう(3)」と，対立する野党民政党との対比で，政友会の地方分権政策を訴えた。以下では，そうした地方分権，特に府県制改革「案」について，「行政制度審議会」の資料（国立公文書館所蔵）から，改革の方向性と最初の道州制案である「州庁設置案」の内容を紹介しよう。

政権与党，政友会の政務調査会が，行政制度審議会に検討を求めた事項には，「府県知事の公選」制の実施，議会権限の拡張を中心とした「自治権の拡張」，そして，国税である地租（土地課税）を市町村に，同じく営業収益税を府県に税源移譲すること（両税移譲），さらに市町村長の直接公選制が，挙げられていた。その結果，府県を「純粋の地方自治体」とし，「執行機関の長（知事）は，公選とし，其の議決機関（府県会）の権限は一般的とすること（条例制定権など市町村並の権限を付与）」とし，そこに税源（営業税）を移譲するという，府県制の改革を提起したのである。(4)

ただし，知事の「公選」(5)といっても，今日のような住民による直接選挙ではない。政友会の案では，市町村毎に人口300人に1人の割合で選ばれた「委員」が知事を選ぶという間接選挙であり，行政制度審議会の当初案は「市の例に準ず（る）」として府県議会（議員）による間接選挙であった。(6)しかし，間接ではあれ知事が公選されれば，知事は内務大臣の指揮監督下にある国の職員（官吏）ではなくなる。そうなると，自治体であると同時に国の総合的な出先機関でもある府県庁の多数の仕事の内，府県本来の仕事（「固有事務」）は知事に委せるとしても，国の事務（「国政事務」）を，国の職員でもなく内務大臣の部下でもない公選知事に，委せることができるのか，という問題が生じることになる。

特に，当時の集権的な地方制度の下では，府県の仕事の実態は，政友会政務調査会によれば，次のようなものであった。すなわち，「（国政）委任事務の処理に汲々として，（府県）固有の事務を顧るの余地なく，府県は自治体と云うも一面国の行政管轄区として，大部分の費用は自ら之を負担し乍ら，官治に甘んぜざるを得ざる実情なり」(7)と。つまり，国の事務が多すぎて，府県のほんらいの仕事

2　昭和戦前（政党政治期）：分権化と官治的集権体制の再編成としての道州制

（固有事務）を圧迫し，しかも，国の事務は，地方住民の負担する地方税によって支えられていると，批判されているのである。とはいえ，現在でもそうであるように，国の事務といっても，住民から遠い仕事だというわけではない。国の事務といわれものの中には，住民の日常生活にかかわる事務でありながら，国の法令で一律の基準を定め，国が全国的に展開している仕事が多数含まれていた。ここに，しばしば学者が「融合」型と呼ぶ，日本における国と地方自治体の関係の，ややこしさが生じる。

そこで，知事公選制導入後は，当時の中学校・実業学校などの教育施設や，地方農事試験所や工業試験所等の産業施設，その他衛生・社会関係施設，さらに河川その他の土木事務や，国道や府県道に関する事務など，従来府県において経費を負担するような「助長行政」については，なるべく広く府県に「委任」されることが計画されていた。その際，「便宜上府県の理事機関に委任するを妨げざること」と，戦後のような「機関委任」の方式が，予定されていたのである。

2.3　最初の道州制構想＝州庁設置案

しかし，行政制度審議会では，国の事務で，公選知事に委任できないものがあるという。その最大のものが「警察事務」である。戦前の警察は，内務省・内務大臣の指揮下にある一元的な国家警察である。したがって，府県知事は，内務省の官僚として，警察署長の上に立ち府県の警察組織を指揮監督する。特に高等警察（政治団体の取締）や司法警察（刑事警察）は，党派性のある公選知事には委任できないとした。また，知事の市町村に対する監督といった，「特別の権力行為」もまた，委ねられないという。そこで，提案さ

れたのが,「州庁設置」案であった。[11]

　公選知事に委任できない,「国の地方行政事務は州長官に於て管掌すること」として,「州庁」を設置し, そこに「州庁官」をおくことが提案されたのである。したがって, 地方制度としては, 国―州―府県―市町村という3層制が想定されていた。そして州庁官は, 天皇に任命される国の職員（親任又は親補される勅任官）であり, その権限は,「他省庁又は自治体（府県等）に専属せざる地方行政の一切に及ぶこと」とされる。そして,「警察署長は州庁官に隷属する」として, 知事との関係を切り離す。さらに, 州長官は,「管内の府県市町村其の他の公共団体を監督すること」と, 完全自治体化した府県や市町村に対する国の監督権を行使することが予定されていた。

　また, 内務省の管轄していた健康保険官署（1926年健康保険法施行）と職業紹介所に関する官署（職業紹介法1921年施行）は, 州庁に合することとされた。以上のような州庁の経費は, 全て国費によって支弁することとされ, ただし, 警察費については過渡的規定を置いて地方の負担を当分の間維持できるものとされていた。以上のように, 州庁は, 純然たる国の総合出先機関として, 州長官の下, 分権化された府県と市町村からなる地方の監督に当たるものとされていたのである。なお, 当初案では, 農林省所管の営林署や商工省所管の鉱山監督局も州庁に合することになっていたが, それら他省庁の地方出先機関は, 後の案では, 除外されている。「他省庁」に「専属」する地方出先機関を統合することは, 当時もまた, 困難であったことがうかがえる。

　また, 北海道は, 官選知事の下, 道議会を擁する従来の形態を維持することが想定されていた。当時の道州制とは, 文字通り, 北海

2 昭和戦前（政党政治期）：分権化と官治的集権体制の再編成としての道州制

「道庁」と本州・四国・九州の「州庁」の制度的並立の表現であった。また，州の区割りは，案によって，若干の異同があるが，仙台に州庁おく東北六県，東京に州庁を置き関東に新潟・長野県を加えた地域，名古屋に州庁を置く東海三県・北陸三県に静岡・滋賀県を加えた地域，大阪に州庁を置く滋賀を除く関西5府県と四国の徳島・香川・高知県を含む地域，広島に州庁を置く中国五県に愛媛県を加えた地域，および福岡に州庁を置く九州・沖縄の6州（＋1道）が想定されていた（本章末の**図1**を参照のこと）。なお，滋賀県が近畿ではなく中部地域に，四国が分割されて近畿と中国地域に分けられるなど，以後の道週案の区割りと異なる点が興味深い。

以上のように，昭和初期の道州制は，政友会田中内閣の，知事公選・府県議会の自治権強化・税源移譲（両税移譲）という地方分権改革案に対応する，あらたな集権化の試みであった。そこでは，内務省の地方行政を州庁に集約するとともに，警察行政の国家的一元性を維持し，分権化された府県に対する国の監督権限の行使が期待されていたのである。つまり，最初の道州制の構想，「州庁設置」案は，分権化改革構想に呼応する再集権化の試みといえよう。なお，最後に，そうした政友会内閣の分権改革の構想の内，結局，知事公選は法律案の提出すらなされず，両税移譲案は法案が当時の貴族院で廃案となり，実現したものは，府県議会への条例制定権の付与といった，極めて小規模な改革にとどまったのである。政友会にとどまらず，政党政治が，分権化改革を含む様々な改革を掲げながら，それを実現する実行力を持ち得なかったことは，やがて政党政治そのものへの失望につながっていくことになる。

3 昭和戦前（戦時体制期）：分権なき集権化としての道州制

3.1 総力戦体制と道州制

1931（昭和6）年，現地の日本陸軍により「満州事変」が開始され，翌32年には，政友会犬養首相が首相官邸において海軍軍人に暗殺され（五・一五事件），政党政治は崩壊し，日本は日中戦争から日米開戦へと至る，戦争への道を歩み始める。来るべき戦争が，日ソ戦（北進）となるか対米戦争（南進）となるかは，未だ流動的であったけれども，その戦争が，もてる国力の全てを戦争へと動員する「総力戦」となることは明らかであった。陸軍は，日本の「総力戦体制」の構築を，時にはクーデタで恫喝しながら，政府に対して執拗に求めた。そこでは，当然に総力戦を遂行するための行政機構の全面的改革が提起されることになる。

そこでの中心課題は，国策統合機関の設置であり，内閣制を高度化・再編して，総力戦体制構築に向けて，政治の一元的指導力を確立することであった。その際，あわせて，地方行政機構の抜本的な改革を行い，中央の指導の下で，地方における強力な行政遂行を担う，簡素化された地方制度も求められていく。特に，40（昭和15）年には，近衛文麿が「新体制運動」を開始し，やがて内閣を組織し，「大政翼賛会」を発会させると，新体制運動のブレーン組織である「昭和研究会」や，陸軍統制派や革新官僚と連携する「国策研究会」，そして大政翼賛会や，日本商工会議所などの経済団体が，あいついで，道州制改革を提起するようになった。[14]

3.2 戦時下の道州制構想＝道庁設置案と州庁設置案

当時，内務省は，それら道州制の諸案が，最終的には三つの型に帰着すると考えていた。日米開戦（1941（昭和16）年12月）を経た，42年9月，山崎内務次官が，大政翼賛会の第三回中央協力会議で行った講演の元資料と推定される文書，内務省「州道制ニ関スル意見」（国立公文書館所蔵（1942年？）9月23日）から，その三つの型を紹介しよう。

まず，世上唱えられる道州制の論拠として，「府県割拠等の弊（害）」に対する「戦時諸国策の敏活強力なる徹底」，「各種特別地方官庁濫立の弊（害）の防除」，あるいは「中央行政機構を簡素強力化せしめ，之れをして，真に国家的に重要なる施策の樹立及び遂行に専念」させること等を指摘していた。こうした点については，既に実務的な要請から，不足する物資・食料を府県域内で囲い込もうとする，いわゆる「府県ブロック」の打破のために，40年北海道を除く全国8区で，府県（知事）の連絡調整機関として「地方連絡協議会」が随時開催され，41年には，特別地方官庁（国の出先機関）の連絡協力のため「地方長連絡協議会」が開催されていた。

内務省「州道制ニ関スル意見」は，そうした要請に対応するため，道州制案を検討し，世上議論される改革案は，第一案「道庁設置」，第二案「州庁設置」，第三案「府県廃合」のいずれかに帰着すると結論づけた。その第一案「道庁設置」は，最も徹底した案とされていた。その内容は，①従来の府県を廃止して，「半自治体」としての「道」を置き，地方団体としては，国―道―市町村の二層制とし，②道長官は官吏（親任官又は親任待遇）とし内務大臣の指揮監督を受け，③道庁は綜合行政官庁として，「原則として地方行政に関する全権を掌握」し，各省の事務については各省大臣の指揮監

督をうけつつ, 各省庁の地方出先機関のほとんどを統合し, 各省の許認可権限が移管される。④道長官は, 府県（中間連絡監督機関に格下げ）の知事—地方事務所長・警察署長を指揮監督する, ⑤旧府県の事務の大半は, 府県の総合出先機関である地方事務所（1942年に, おおむね旧郡を単位として, 全国420ヵ所余り設置）に移譲する。また, ⑥道は, 地方団体として道議会（定数百以下）を置き, 道議員は衆院選挙区を単位として選挙し, ⑦道を東北・関東・中部・関西・中国・四国・九州・北海道・樺太に置き, ⑧東京都を設置（43年都政施行）し, 横浜・名古屋・阪神・関門の工業地帯には特別区を置く, というものであった（本章末の図2を参照のこと）。

これに対し, 第二案「州庁設置」は, ①府県をそのまま維持した上で, 州庁を設置し, 国—州—府県—市町村の三層制で, ②州庁は国（内閣・各省）と府県および府県間の連絡調整にあたる特別地方行政官庁（国の機関）とされ, 同時に, ③国費で経営される地方出先機関の管理を行い, 土木・鉱山・工場・労務・農業関係の地方出先機関の「事務を直接執行すること」とされ, ④州長官は官吏とし内務大臣の指揮監督を受け, ⑤第一案と同じく9地域に「州」を置くほか, 東京都制の実施と大都市特別区の設置が挙げられていた。これはまさしく, 知事公選なき「州庁設置案」である。

そして, 第三案「府県廃合」は, 府県の性格を基本的に維持した上で, ①府県の全面的廃合を断行し, 府県を22県又は17県に集約する。同じく, ②地方事務所を強化して行政官庁とし, 重要事項を除き事務を移管する, というものであった。加えて, ③東京都制の実施と大都市特別区の設定も, 想定されていた。

これら三案に共通して, ①知事公選という民主化の課題が棄てられ, ②地方事務所の機能の拡大が指向されており, また, 第一と第

3 昭和戦前（戦時体制期）：分権なき集権化としての道州制

二案では，③国の各省地方出先機関の道又は州庁への統合が強調され，④（道・州）長官を内務大臣の指揮監督の下におくことが，ことさらに明記されるという特徴があった。総じていえば，内務大臣―道・州長官―地方事務所長のラインの下に，地方出先機関を統合し，地方行政の総合性を回復することが指向されていた。つまり，内務省主導の官治的な集権的体制の拡大・強化案ということができる。この点では，「州道制ニ関スル意見」は，内務省の省益を色濃く反映し，上記諸団体が標榜した道州制における，内閣主導の強力な地方行政体制とは，違う方向性を持っていたともいえるのである。ともあれ，この文書は，第一案や第三案は，府県の統廃合を含む，大規模な地方官庁の再編となることから，戦時行政の停止や停滞を招くとされ，連絡調整機関としての「州庁設置」案のみが，戦時下では「実現可能」な案と結論づけられていた。

実際には，第二案よりもさらに緩やかな協議体制である，「地方行政協議会」が，43年に北海（樺太・北海道）・東北・関東・東海・北陸・近畿・中国・四国・九州の9ブロックに設けられた。これは，府県知事と，財務局長・逓信局長・鉄道局長など国の地方出先機関の長とからなる連絡調整機関であった。戦局の悪化に伴い，同協議会は，45年6月に，「地方総監府」に再編される。それは，「緊急事態」＝米軍の本土上陸を想定した地方割拠体制を準備するものであった。地方総監は，内閣総理大臣の指揮監督下におかれるとされていたが，地方総監には，府県知事や出先機関の長への指揮監督権，罰則付命令の制定権，出兵請求権，さらには，各省権限の移譲や戦時緊急措置権の付与も予定され，独立した強力な権限をもって，中央政府との連絡途絶後の本土決戦を準備するものであった。[16]
しかし，現実には，地方総監には総監府所在の知事が充てられるに

とどまり，副総監以下の定員措置が計画されたものの，その事務体制が整備される時間的余裕もなく，敗戦を迎えることとなった。日中戦争後の戦時体制下では，抜本的な地方行政体制の改革が提起されながらも，結局，事態の推移に追われ，当面する戦争動員と戦局の悪化に伴い，道州制改革は実現されることなく終わったのである。

4 戦後昭和期：府県制の民主化と再集権化としての道州制

4.1 戦後改革と府県制

1945（昭和20）年8月，日本は，連合国のポツダム宣言を受諾し降伏した。ポツダム宣言は，日本における「民主主義的傾向の復活強化」をうたった。敗戦直後の内務省は，そうした経緯から，知事公選を不可避と見て，かつての政党政治期の地方分権化改革案に立ち返り，知事公選（間接選挙）と府県の完全自治体化という文脈から，道州制を再び検討する。しかし，アメリカ占領軍は，内務省などの思惑を超えて，徹底した民主化改革を追求した。

特に，46年2月，占領軍が，明治憲法には欠落していた「地方政府」（地方自治）の章を規定した「憲法草案」を日本側に提示することで，分権化と民主化の方向性が明示された。[17] 草案では，①府県知事・市町などの首長・府県議会及びその他の地方議員等の直接普通選挙を規定し（草案86条），②法律の範囲内での自治体の「憲章 Charter」制定権（同87条），および③地方特別法の制定と住民投票（同88条）を規定していた。その際，日本側は，占領当局との折衝によって，①地方公共団体の組織・運営を「地方自治の本旨」に基

づき法律で定めるとの規定を新たに挿入し，そうすることで，②自治体の政治機構のあり方を，自治体が自ら決定するための「憲章」制定権を否定し，法律による画一的な地方自治制度を維持し，③同時に，「地方公共団体」の表記を用いることで，「府県」や「市町」という団体の種別を憲法の文言から消去し，将来に向けて道州制導入の可能性を残そうとした。なお，この草案修正の経緯自体が，道州制の合憲・違憲をめぐる憲法論争の一因となっている。[18]

占領軍と日本側の交渉には，様々な曲折はあったが，日本国憲法と同時に施行された「地方自治法」(47年)によって，戦後の地方自治制度は一応の成立を見る。そこでは，占領改革による，地方分権化，特に知事・市町村長の直接公選制が貫かれ，戦後地方自治は，都道府県―市町村の「二層制」と，新たに選挙権の付与された女性を含む，住民によって直接選挙される首長と議会からなる「二元代表制」という骨格が形成された。

しかし，「地方自治法」は，同時に，「機関委任事務」制度を導入する。機関委任事務は，国の事務を地方自治体に対して，法令により強制的に委任するもので，その執行にあたっては，知事・市町村長は，国の機関として，各省庁大臣の包括的な指揮監督に服することとなった。戦後もなお，戦前以来の国政事務の委任を継続させたのである。その結果，知事は選挙された住民の代表であり，首長として自治体の事務を処理しながら，国の機関委任事務を執行しはじめる瞬間に，各省大臣の命令にのみ従う事実上の国の職員に早変わりをするという，分かりにくい制度が導入されたのである。そして，この機関委任事務制度にこそ，完全自体化されたはずの府県制度のジレンマ，すなわち，自治体であると同時に，広域行政機能を中心とする国家的機能の執行機関であるという，府県の二面性が現

れていた。いずれにせよ，結果的に，府県が処理する事務の約7割が，国の事務＝「機関委任事務」となり，2000年分権化改革による機関委任事務の廃止に至るまで，長らく「3割自治」との批判を受け続けることになるのである。

また，地方自治法制定に引き続き，占領下の改革は，内務省の解体（47年），自治体警察の設置と国―地方の公安委員会による警察統制（47年）や，公選制教育委員会制度の導入（48年）へと展開した。特に，警察行政は，国家―地方公安委員会の監理の下で，知事の直接的な統制から離脱し，戦前の州庁設置の根拠の一つを消滅させたのである。[19] さらに，シャープ勧告により，地方税・行財政改革が進められ，税源の再配分と「平衡交付金制度」（後に地方交付税制度）により，戦後地方自治を支える行財政制度が発足した。その際，税財政改革に対応する，自治体事務の再配分を検討した「地方行政調査委員会議」（いわゆる神戸委員会）は，市町村の規模の合理化（人口8千以上）を勧告し，昭和の町村大合併の実施（約1万5百から約4千へ減少）を促した。また，その第二次勧告（51年）は，市町村合併に対応して，都道府県の規模の合理化を，「人口おおむね二百万を目途として」，小規模県を合併させることが適当とした。そして，「都道府県を廃して道州を設け」るのは，「必ずしも地方自治を強化するものとは認めがたい」として，道州制の導入を否定したのである。[20] 占領下で継続する分権改革は，戦後府県制の定着をめざしていた。

4.2 国土総合開発と広域中間団体＝「地方」設置案

1952年，占領が終了し，日本の独立が回復されるのに前後して，戦後改革の見直しが開始される。政府は，内閣総理大臣の諮問機関

4 戦後昭和期:府県制の民主化と再集権化としての道州制

として,「地方制度調査会」を発足させ (52年), 戦後地方自治制度の改革を検討させた。その際, 府県制の (再) 改革が一つの焦点となった。占領下での, 強権的な食糧供出や六・三制教育改革など上からの占領諸改革が, 地方事務所を通じた府県の画一的な指導によって進められたこと, また50年代の府県―市町村を通じる地方財政危機によって, 市町村は府県に対する反発を著しく強めていた。他方, 50年に「国土総合開発法」が制定され, 戦後復興の延長に, 地域の工業化を志向する地域の総合開発が開始される。国と府県は, この地域開発の推進主体だったが, 国は個別に各省庁のタテ割り行政系統を通じて施策を展開し, 他方, 財政危機に直面する府県は開発推進の財政基盤を欠如していた。こうした府県との対立と, 総合開発への期待から, 全国市長会は, 52年, 府県制の廃止を決議した。そして, 54年には総合開発の機関として道州制の導入を提言し, 全国町村会も府県制を廃止し国の行政官庁としての道州制を置くことを要求した。さらに55年には, 関西経済団体連合会も府県廃止と国の総合出先機関としての「道州」の設置を求めた。広域的な地域開発推進のために, 政府のタテ割行政を地域で総合化するための, 府県に代わる広域的な中間団体が求められていた。[21]

こうした動向を背景として, 戦後はじめて, 道州制が本格的に議論されたのが, 第四次の地方制度調査会であった。同調査会は,「地方制度の改革に関する答申」(1957年)[22] を提出し, 府県制を廃止し, 全国を7~9のブロックに再編成する「地方」制を多数意見として答申するとともに, 調査会内での激しい意見対立を反映し, 別して, 府県の合併により全国を15~17の道府県に再編する「少数意見」を併記したのである[23]。これは, 戦時中に検討された3案の内, その第一案道庁設置案と, 第三案府県合併計画の, 戦後の新たな文

脈における再提起ということができた。

　まず，府県制度の改革の必要性について，答申の多数意見は，国土の開発利用・各種産業立地条件の整備等のための広域的な地方行政組織の確立，市町村の行財政能力が（昭和の）町村合併により著しく充実したこと，地域的な不均等発展による府県の行政遂行能力に顕著な不均衡が生じていることから説明し，また，「戦後行われた府県の性格の変更とこれに伴う知事公選をはじめとする一連の府県制度の改革は，国との協同関係を確保し全国的に一律の水準の行政を保障するうえに欠けるうらみなしとしない」と指摘した。ここには，昭和の町村大合併による基礎自治体の強化を前提としつつも，地域開発への広域的な対応の必要性と，戦後民主化・分権化改革の中心であった府県制改革・知事公選に対する否定的な評価が，はっきりと現れていた。

　そして，多数意見は，府県を廃止し，道州にあたる「地方」（「地方」という名前の公共団体）を置き，①「地方」は，地方公共団体と国家的性格をあわせもち（戦前の府県制と同じ），②全国を7〜9ブロックに分け，③任期四年の地方議会を置き，④「地方長」は，「地方」議会の同意を得て内閣総理大臣が任命する任期3年の国家公務員とし，非政党員でなければならないとした。また⑤戦後導入された行政委員会（教育委員会・公安委員会等）を置かないとし，さらに，⑥「地方」の区域内で，国の各省の地方出先機関を統合し，国の総合出先機関である「地方府」を置き，「地方府」の長は「地方長」をもってあてるとした。まさにこれは，42年の第一案「道庁設置案」の復活に他ならない。

　他方，地方制案に反対する議員が，結集して，併記させた「少数意見」＝府県合併案では，①府県を完全自治体とする現行制度を

「改革する必用を認めない」としたうえで，②おおむね三，四の府県の統合により新たな「県」を15〜17設置し規模の合理化を進め，③市町村と府県の機能を明確に区分し，下方への事務移譲を進め，④行政委員会は存置し，⑤国の出先機関の廃止または「県」への統合を，主張していた。

4.3 「地方」制案をめぐる論点

第四次地方制度調査会は，この「地方」案をめぐって，政府審議会としては異例な，激しい意見対立の舞台となった。道州制改革＝「地方」案を支持して，論陣を張ったのは，坂・狹間・三好らの旧内務官僚であり，府県の廃止を支持した地方六団体中の市長会・市議会議長会・町村会（町村長）の代表であった。これに対して，社会党衆院議員の北山，産経新聞の近藤，田中二郎東大教授などが強力に「地方」案を批判し，府県知事・議会議長会も府県制廃止に強行に反対した。さらに，町村議会議長会も，町村長とは意見を異にし，府県制廃止は時期尚早として反対に回った。そして，田中・近藤らは，「地方」案を阻止するために，「防禦的」な，府県統合案を対置したのである。しかも，自民代議士の古井は，「地方長」の官選や非政党員規定，さらに合併後市町村の行政能力に照らして府県の廃止に，極めて懐疑的な意見を開陳していた。

そうした対立の主な論争点は以下のようなものであった。第一に，憲法論争である。北山は，「府県廃止と言うことは憲法違反であると」断じ，友末茨城県知事と赤間大阪府知事や田中も，違憲論を展開した。憲法草案は府県を明記し知事の公選を定めた，その後日米間の交渉で憲法の文言から消えたとはいえ，憲法制定時に現に存在していた完全自治体を一方的に廃止するのは憲法違反であると

いうのである。これに対して,「地方」案を支持する側は,佐藤前法制局長官の解釈に基づいて,「府県」が憲法に明示されていない以上,府県廃止は必ずしも憲法違反ではないとの立場を取った。端的には,三好の言うように,憲法の保障する「地方自治というものは市町村の自治だけでたくさんだ」[29]と,市町村の自治さえ保障すればそれで足ると主張した。なお,付随して,府県の廃止または統合には,憲法95条の住民投票の手続か必要かという点も議論になったが,特定の自治体に限定されない,法律に基づく全国一律の改正であるから不要であるとの見解が示された。この点には両案ともに抵触するところがあるため,論争としては掘り下げられることはなかった。

第二に,もっとも激しい反発を呼んだのが,「地方長」の官選制である。これは,第一の論点ともからんで,府県知事に関する「住民の選挙権を剥奪するという重大な問題」(米山・鹿児島県議長)[30]であつた。「地方長」を(「非政党員」から,つまり当時としては,おそらく官僚又は官僚OBから),国(首相)が任命することは,戦後民主化の否定であり,戦前の集権的官治体制に逆行するものと,多くの委員から批判された。しかし,「地方」案の支持者からは,率直に,「政党の人はやっぱり政党にかかわつて公正なる行政がやりにくいのではないか」(野村・元国家公安委員)[31]という公選知事への不信,あるいは選挙の弊害への懸念が,表明されていた。

さらに,「地方」案が,官選長官を置く理由について,「地方」庁は府県の自治事務を吸収するだけではなく,国からの事務移譲の受け皿となることが期待されており(自治体的側面),同時に,「地方」に移譲されない国の事務の執行を,各省庁の地方出先機関を統合して「地方府」を置き(国の総合出先機関的側面),そこで処理するも

のとした。そして,「地方長」は,「地方」庁と「地方府」の長を兼務することで,両者を統合し,「国の地方に対する行政の総合化」を行なうとされていた。その際,元内務官僚の三好は,「結局知事の公選ということに対する官庁側の不信というのが」,「事実として存在しておる」ので,「地方」長を官選とし,「地方府の長」をも兼ねさせれば,「身分が国家公務員でありますれば　初めて出先官庁の整理ができ,あるいは官庁の整理もできる」と指摘したのである。「地方」案の眼目ともいうべき,各省地方出先機関の廃止と統合を実現するためにも,公選知事の廃止と,官選かつ非政党員の国家公務員たる「地方長」の設置が必要とされたのであった。

　他方,自民党の古井は,政党政治の現実を指摘し,将来社会党政権ができたときに,なおも保守党が多数を占める「地方」の議会では,首相任命の「地方長」に同意しないだろうと警告し,さらに戦前の「官選知事時代に,どれだけ中央の政争が地方に及んで困ったか」と指摘して,官選制の時代錯誤であることを指摘した。なおまた,産経新聞の近藤は,日本各地の地方紙・全国紙の新聞社説論調を紹介し,40紙中37紙が「地方」案に反対であり,それは「「地方」案に反対というよりも,「地方」案の中の官選の首長に反対なのであります」と,官選「地方」長への新聞世論の反発を指摘している。

　第三の論点は,第二の論点に関わって,そのような広域的な国と地方を通じる行政の総合化の実現という,「地方」案それ自体への懐疑である。北山は,各省は「なるべく地方事務を直轄でやつた方がいいものだから」,事務は「地方団体の事務から「地方府」の方に逆に移つてくる」と,府県事務の,国の事務への再吸収,地方府事務化を指摘した。さらに,田中東大教授は,「「地方府」というも

のを設けて,そこに国の行政機関を統合し」ても,「現実の問題としては,一つの庁舎にいろいろの出先機関が同居するというのが結論であつて,ほんとうの意味で「地方」における総合行政が実行できるようになるとは考えない」と批判したのである。行政の総合化を担う「地方」庁は空洞化し,「地方府」も,結局は,内部部局がタテ割行政に分断された寄せ集めにならざるを得ないというのであった。「地方」案は,結局,中央省庁のタテ割りを克服できないというのである。

そして第四に,「地方」案の重要な提案根拠であり,それ期待されていたのが地域開発であった。「地方」案の支持者は,「地方」・「地方府」の設置によって,広域の総合的な地方開発が可能になるという。しかし,北山議員など批判派は,総合開発についても,ブロック単位での開発事業は極限られたもので,そのような大規模開発は「本来は国の行政だと」して,「府県の単位では狭いとするならば,国が開発行政のための開発ブロック[37]」を個別に設定すればよいと主張した。また,友末茨城県知事も,「地方の協力が得がたいという」ならば,協力を「保障すべき単行法の設定で足りる[38]」と主張したのである。そして,なによりも,地域開発という限られた課題を根拠に,府県制を廃止することは,利益よりも弊害が大きいとした。

第五に,市町村に対する補完事務の遂行の問題である。これは,(昭和の)町村合併の評価にもかかわっていた。古井は,「市町村の規模というものは,合併によつて大分大きくなりましたけれども,まだまだ非常に小さいものであり」,「いつの日にか必ず再合併の時期がくる」。したがって,現状では補完行政を担う「府県の廃止はできないのじゃないか」と,合併後の市町村の行政能力の不十分さを

4 戦後昭和期：府県制の民主化と再集権化としての道州制

指摘し、府県廃止に疑問を呈したのである。そうした懸念から、「地方」案自体も、おおむね府県の範囲で「地方」の出先機関である「支部庁」の設置を予定していると古井は指摘した。その結果、事実上「地方」案は、道州にあたる「地方」—府県にあたる「支部庁」—市町村の三層制となり、「地方」案は、行政の簡素効率化にならないと指摘した。さらに、府県と違い知事や議会という「民衆的な監督機関」を持たないで、「支部庁といものは大きな働きをなし」、「ひどく官僚的な機関になるのじやないか」、そうなると「結局市町村ものびやしないし」、「自治というような分野はひどく薄くなつてしまう」[39]と厳しく批判したのである。昭和の大合併後の市町村規模からいって、国と市町村の間に中間的な団体が必要であり、それが「支部庁」のような官僚的な機関となるぐらいなら、民主的な統制の効く「府県」の方がよいのではないか、これが古井の考え方であった。これに対して、「地方」案の支持者は、新たな市町村合併を含む基礎自治体の強化によって、将来的には「支部庁」を縮小することができるとした。

第六の論点は、「地方」案が、教育委員会や地方公安委員会を含む一切の行政委員会を置かないとした点である。それに対して、北山は、「戦後教育、警察等の地方分権化並びに民主化という大きな改革」[40]を否定するものだと反発した。北山ら批判者は、教育委員会の廃止は、教育の中央統制＝集権化につながるとし、公安委員会の廃止は、住民によって選挙された知事の予算統制と、知事が任命する地方公安委員会の監理の下に置かれてきた府県の警察を、国家公務員である「地方長」の下にある一元的な国家警察に再編成するものだとした。これに対して、三好は、「行政委員会の廃止につきましては、私どもは行政の総合化ということに非常な重点を置いて考

えております」として、行政の総合化や簡素効率化の立場から、廃止を当然視していた。三好らにとっては、「行政委員会」の廃止は、54年自治体警察の廃止、56年公選制教育委員会の廃止、第一次地方制度調査会の市町村教育委員会の廃止の答申という、一連の流れに沿うもので、アメリカ的な行き過ぎた分権を適正化するものと考えられていた。

第七の論点として、巨大な「地方」が「自治体としての実質を備え」ることができるのかという点である。古井は、関東「地方」の国会議員総数は衆参あわせ175名で、「地方」議会の議員数よりも多い。「国会におけるよりももっと薄くしか住民の意思が反映されない。また地域内のいろいろの実情をよく調べて、そうして執行部の行動に対して批判、監督を加えることがどうしてこういうものでできるか」と、人口規模から言っても巨大な「地方」が、住民によって民主的に統制されうるのかという「自治体としての実質」を問うたのである。

4.4 官治的道州案の終わり

以上のような、緒論点をめぐる、激しい意見対立を経て、結局、第四次地方制度調査会は、国会議員から任命された自民党の委員が採決を棄権して退席し、社会党議員が両案に賛成しなかった（出席したが棄権した）結果、出席33名中17名の賛成で、かろうじて「地方」制案を多数意見として可決した。しかし、中央・地方の新聞各紙は、「地方長」の官選を中心として「地方」案に批判的であり、「地方」案に世論の支持も集まらなかった。また、調査会の席上でも、自民党議員の中からも批判的な意見が開陳されていた。結局、調査会内部ですら激しい対立を惹起した「地方」制案は、その後、

4 戦後昭和期:府県制の民主化と再集権化としての道州制

法案化されることもなく、棚上げされてしまう。

むしろ、60年代になると、「所得倍増計画」とそれに続く「全国総合開発計画」の展開の中で、府県権限の国への移管(道路・河川など)、中央各省の地方出先機関のいっそうの拡大強化、道路公団など公社・公団のあいつぐ設立など、「新中央集権」と呼ばれる事態が進展する。新中央集権化の中で、タテ割行政は、府県の内部部局をも貫いて進展する。しかし、高度経済成長による潤沢な税の自然増収に支えられて、国と府県は手を携え、拠点開発型の地域開発に邁進することになる。むしろ、府県は地域開発の主体として、事業量の増大に支えられ、その基盤が強化される。パイの拡大が、行政の地域的総合化の必要性を圧倒し、道州制論は下火となる。その一方で、特定地域の府県合併論(阪奈和・東海三県)が現れ、経団連など財界は府県合併推進に要求を変える。しかし、府県合併特例法が国会であいついで廃案となり、関経連は道州制の導入を再び提起(67年)し、日本商工会議所もそれに続いた(68年)。

60年代後半には、急激な都市化の進展による都市の過密と、農山村の過疎が社会問題化し、69年の「新全国総合開発計画」(新全総)では、過密・過疎への対応策として、工業の地方分散、大都市の中枢管理機能の集積と、それらをつなぐ交通・通信網の整備が提起された。その際、新全総は、工場再配置と、再配置を支えるネットワーク整備のために、府県を超えた地方ブロックごとの広域開発計画を提起する。これに呼応するように、関経連は道州制の試案(69年)を発表し、日本商工会議所もそれに続いて試案(70年)を発表した。両案では、府県を超える広域行政需要の増大に対応し、国の地方出先機関の「濫設」を克服するために、その受け皿としての「道州」制が提起されていた。そして、道州の首長(知事)は住民

による直接選挙により選任されるとされ、かつての「地方」制案の失敗を踏まえた、完全自治体としての（自治型）道州制が提起されていたのである。以後、官治型道州制論は完全に過去のものとなった。そして、80年代初めには行政改革の一環として道州制論が、80年代末からは公共土木事業に偏重した地域開発と国の許認可などの規制行政への閉塞感から、「地域主権型」と銘打った道州制論が、間歇的に提起され、現代の道州制論につながって来る。

5　むすびにかえて

過去60年余の道州制論の歴史をふり返ってみると、1957年の第4次地方制度調査会の「地方」案の提起が、一つの大きな転換点だったように思われる。1927年の「州庁設置案」は、知事公選への対応に始まり、57年「地方」案は、戦後の知事公選制を否定しようとしたが、「世論」の批判を浴びて、失敗に終わった。この時から、官選首長をいただく戦前型・官治的道州制案は、過去のものとなった。

他方、国からの権限移譲の受け皿として、また国の各省出先機関を統合する総合行政の実施主体としての道州制は、「州庁設置」案に端緒的に現れ、戦時下での戦時動員の遂行という観点から本格的な課題となり、戦後における地域の総合開発と結びついて、「地方」案の中でいっそう本格的に主張された。事務移譲の受け皿論として道州制の導入が必要であるという議論は、現在の道州制論の重要な論拠となっているのである。

しかしながら、57年「地方」案当時と、現在とを比べると、道州制論の背景をなす、社会的経済的政治的環境には、大きな変化が存

在する。第一に，今日では，地域開発の推進主体の道州という論点は，どちらかといえば後景に退いた。今日では，むしろ地域開発の過剰，つまり，全ての府県が空港も，新幹線も，高速道路も，その全てを装備したいというような過剰投資が，ムダな公共事業との批判を浴びている。道州制は，地域開発の推進というよりも，ムダな過剰投資を抑制するというのである。

第二に，従来の，国のタテ割行政の総合化，国の各省出先機関の統合ではなく，国の行政事務それ自体の地方移管，国の内政からの撤退が問題となっている。この点では，戦時体制下で提起された，道州制案が，「中央行政機構を簡素強力化せしめ，之れをして，真に国家的に重要なる施策の樹立及び遂行に専念」させるとした，その課題意識が，現在の道州制論と通底しているのである。

第三に，「地方」制案の検討の中で言及されていた，第2段の市町村合併が，平成の大合併と実現した。これにより，基礎自治体の行政能力がさらに向上し，合併市町への大幅な権限移譲が可能となった。府県の補完事務の必要性も相対的に低下したのである。さらに，今日では，定住自立圏構想に基づき，小規模町村の事務を「中心都市」が補完するという，水平的な補完が問題となっている。そうした中で，広域自治体としての府県の役割とは何かが根本的に問われているのである。

以上のように，新たな文脈において，今日，道州制の必要が主張されているのではあるが，かつて提起された論点のうち，なおも検討を要する論点もある。第一に，道州制違憲論である。今日の道州制論の多くは，憲法の予定する二元代表制の枠内で構想されている。しかし，憲法は府県を制度的に保障しているのか，また府県を廃止するのに，住民投票による住民の同意はいらないのか，これら

は議論としては残っている。第二に，タテ割り行政を進めてきた中央省庁や，さらには国会議員が，自己の権限を相当に削減することを知りながら，簡単に道州制の推進を容認するかという問題である。戦争前夜や戦時下においてすら困難であったこの課題を推進するためには，強力な政治的リーダシップと，強力な国民世論の後押しが必要であう。

また，新たな論点も浮上している。例えば，憲法の要請する二元代表制に関わって，現行の首長優位の機関対立主義という地方自治法の枠内で，地域主権をうたい，欧州の中小国なみの人口や経済規模をもつ，道州政府を「民主的かつ能率的」に統治できるのかという問題である。首長と議員は少なければ少ないほどいいというような考え方は，自治体を住民から遠ざけ，民主主義の赤字（「民政赤字」）の問題を引きおこすであろう。また，首長と議会の多数派との間の，いわゆる「ねじれ」（「分割政府」）への対応や，あるいは首長の独裁化への歯止めも必要である。そのため，例えば，道州政府に国のような議院内閣制，首長を直接公選しない「道州内閣制」を導入するなら，憲法改正が課題となる。さらに，関連して，地域主権型の道州制は，逆に日本の国としてのまとまりをどのように確保するのかという，分権に対応する新たな集権の議論を提起せざるを得ないと思われる。これは，単に国と道州との行政的な関係を超えて，参議院のあり方といった国家の統治構造の制度設計にも波及するであろう。

もちろん，最終的には，どのような，地方自治の制度設計が，負担の問題も含めて，住民の豊かな地域生活を実現するのか，「国民的な議論が幅広く行われること」が期待されている。その際，歴史的には，常に，道州制論と並んで府県合併論が議論されてきたよう

に，一足飛びの道州制導入がよいのかどうか。むしろ，現在の分権改革を押し進め，国からの府県への事務移譲を進めつつ，府県間の協同的な事務処理の強化を経て，必要とする地域にあっては，自主的な府県合併を進めることも選択肢としては，残っている。この点は，今後の検討においても，忘れてはならないように思われる。

[注]
(1) 国の第18次地方制度調査会,「地方行財政制度のあり方についての小委員会報告」(1981年11月24日,自治大臣官房企画室編『地方制度調査会答申集（第1次～第22次)』(発行年不詳1891年か) 所収) は,「公選知事を中心とする現在の府県制は35年の歳月を経て国民の生活及び意識のなかに強く定着し，その間において，府県の地位も重要性を増すに至っている。また，内政の重点が住民の生活基盤の充実に志向されている昨今の事情や住民の自治意識の高揚が重視されているすう勢にかんがみるならば，住民意識や行政需要の動向とかかわりなく府県制度の改廃を考えることには，重大な問題があるとする意見が大勢を占めた。」と，答申している。21世紀に入った今日でもなお，内政の重点が住民の生活基盤の充実にあり，住民の自治意識の高揚が課題となっていることに照らせば，道州制の検討も，住民意識や住民の行政需要の動向とのかかわりにおいて，進められるべきことは，論を待たないであろう。

(2) 明治憲法下の地方自治制度については，制度的には，亀川浩『地方制度小史』勁草書房1962年。一般向けには，宮本憲一『日本の地方自治その歴史と未来』自治体研究社2005年，大石嘉一郎『近代日本地方自治の歩み』大月書店2007年などがある。また，専門的ではあるが，議会（国会）や政党，あるいは農会などの社会的自治団体をも含めて，戦前の地方自治制度の全体像を提示しようとした山田公平「地方自治改革の軌跡と課題」日本地方自治学会編『戦後地方自治の歩みと課題（地方自治叢書11)』敬文堂1998年は，包括的な理解を得るのに有益である。

(3) この比較的よく知られた政友会のポスターについて，手に入りやすいものでは，粟谷憲太郎『昭和の歴史6　昭和の政党』1983年　92頁に見る

ことができる。

(4) 与党立憲政友会の地方自治改革構想については,「立憲政友会政務調査会案 地方分権ニ関スル件 官吏制度ニ関スル件」(昭和2年7月14日配布)『行政制度審議会幹事会議事録 其一』(国立公文書館所蔵)による。

なお,引用にあたっては,原文の旧字体漢字カタカナ文を新字体漢字ひらがな文に書き直している。また,以下でもいちいち断らないが,同じ処理をすることを,あらかじめお断りしておく。

(5) 知事公選の内容については,上記註(4)による。

また,知事公選が必要とされる理由には,本文によるほかにも,以下のような政党政治の弊害もあった。つまり,当時の政党内閣が政権交代の度に,多数の府県知事を更迭し,自党支持を標榜する内務官僚を新たに知事に任命したことから,「政党政治の圧迫」により,知事の交代頻繁となり,「従来の府県知事の在職一年乃至二年未満の如きは治績を挙げること不可能なり,此弊を改めんとすれば之を公選とするの外なし」(上記註(4))と。政党政治による集権的な地方制度の党派的運用が,地方自治に弊害を及ぼし,地方の治績を妨げている。むしろ,公選により,四年の任期を全うする知事の方が,自治の進歩にあずかるのだというのである。

(6) 「州庁設置ニ関スル「具体的」参考案」(昭和2年7月6日配布)前掲『行政制度審議会幹事会議事録 其一』所収。

(7) 註(4)の資料内にある「(附)自治体の財政整理」の項の末尾。

(8) 天川晃「変革の構想―道州制の文脈―」大森彌・佐藤誠三郎編『日本の地方政府』東京大学出版会1986年 118-119頁。

(9) 前掲行政制度審議会幹事「州庁設置ニ関スル件」(昭和2年7月20日配布)前掲『行政制度審議会幹事会議事録 其一』所収。

(10) 「府県知事公選ノ可否」(昭和3年8月15日配布)前掲『行政制度審議会幹事会議事録 其二』所収。および内務省警保局「知事公選制度実施ノ場合ニ於ケル警察制度ニ関スル改革案」(昭和3年8月1日配布)同前所収。

(11) 以下本文の「州庁設置案」の内容は,行政制度審議会幹事「幹事調査書第一号 州庁設置ニ関スル件」(昭和3年8月3日配布と推定)『行政制

度審議会』(国立公文書館所蔵) による。
(12) 前掲「州庁設置ニ関スル「具体的」参考案」。
(13) 本文の区割りは,前掲「幹事調査第一号 省庁設置ニ関スル件」による。幹事会段階での案である註(6),註(9)の文書にも,それぞれ地図が附されており,註(6)の案では,長野は名古屋を州都とする州,香川は広島を州都とする州に入れられていたが,註(9)では,長野は東京,香川は大阪の州域へ変更され,註(11)の最終案では,滋賀が近畿から名古屋の州域へと移された。
(14) この時期の道州制論については,佐藤俊一『日本広域行政の研究―理論・歴史・実態―』成文堂2006年の第一章三節以下が詳しく,本稿もこれを参照し,その上で,国立公文書館所蔵文書で補完的な裏付けを行なっている。
(15) 「州道制ニ関スル意見」(9,23)『道州制関係資料』(国立公文書館所蔵),この文書には年号の記載はないが日付の9月23日は,大政翼賛会中央協力会議が開催された日であり,また,「大東亜戦争完遂」などの文言も見られることから,日米開戦後の1942(昭和17)年と推定される。また,「州道制ニ関スル意見」に続いて,(9,27)付けで,「別表一」~「別表三」が附され,本文に示した第一案から第三案までが骨子として示されている。なお,引用文中の( )内は,引用者の挿入である。
(16) 「地方総監府職員一覧表」(昭和20年6月10日)ほかの文書による,(内務省地方局)行政課『地方総監府関係』昭和20年6月(国立公文書館所蔵)所収。
(17) 憲法第8章をめぐる問題にいては,佐藤達夫「憲法第八章覚書」荻田保編『地方自治論文集』地方財務協会1954年,高柳賢三他『日本国憲法制定の過程 II』有斐閣1972年などを参照。
(18) 府県など地方団体の種別の明記を削除したことが,府県制廃止・道州制導入に持った意味については,都丸泰助『地方自治制度史論』新日本出版社1982年 195-198頁を参照。
(19) 戦後改革とその見直しの一連の過程については,鳴海正泰『戦後自治体改革史』日本評論社1982年の第一章~第四章を参照。
(20) 地方行政調査委員会「行政事務再配分に関する第二次答申」(昭和26

年9月22日)自治省編『改正地方制度資料　第20部』1978年　96-97頁。
(21)　府県と市町村の対立については，前掲『戦後自治体改革史』134-137頁，総合開発の手段としての道州制については，吉富重夫『地方自治　新版』剄草書房219-221頁。
(22)　第四次地方制度調査会「地方制度の改革に関する答申」については，自治大臣官房企画室編『地方制度調査会答申集（第1次～第22次）』（発行年不詳）59-86頁。
(23)　読者の便宜のために，「地方」制案と府県統合案の内答および区割りについて，比較的入手の容易な文献として，松本英昭監修『道州制ハンドブック』ぎょうせい2006年　120-136頁をあげておく。
(24)　前掲『地方制度調査会答申集（第1次～第22次）』62頁。
(25)　地方制度調査会における審議については，自治庁『地方制度調査会（第四次）（総会　特別委員会）速記録（その三）』昭和32年6月（総務省所蔵），同『同（その四）』昭和32年8月（同省所蔵），同『同（その五)』昭和32年12月（同省所蔵）による。特に，本文以下で紹介する内容をめぐる論争については，第九回特別委員会・第七回総会（昭和32年10月）の速記録，『同（その五）』による。
(26)　「地方」案＝府県制廃止に対抗して，戦後府県制改革，特に知事公選制に代表される民主化改革，の成果を守ることが，田中二郎東大教授の意図であった。したがって，自ら起草した府県統合案は，その意味では，対案として，「防禦的」なものであったと，認めている。前掲自治庁『地方制度調査会（第四次）（総会　特別委員会）（その五）』353頁。
(27)　憲法論争については，大杉覚『戦後地方制度改革の〈不決定〉形成』東京大学都市行政研究会1991年　27頁が詳しい。
(28)　前掲自治庁『地方制度調査会（第四次）（総会　特別委員会）（その五）』111頁。
(29)　同前　360頁。
(30)　同前　235頁。
(31)　同前　51頁。
(32)　同前　57-58頁。
(33)　同前　393頁。

(34) 同前 238頁。
(35) 同前 48頁
(36) 同前 269頁。
(37) 前掲自治庁『地方制度調査会(第四次)(総会 特別委員会)(その四)』180頁。
(38) 前掲自治庁『地方制度調査会(第四次)(総会 特別委員会)(その五)』288-9頁。
(39) 同前 42-3頁。
(40) 同前 111頁。
(41) 同前 263頁。
(42) 同前 392頁。
(43) 採決の最終的な賛否については,同前403-4頁のほか,前掲大杉『戦後地方制度改革の〈不決定〉形成』29頁の「採択結果」の表を参照した。
(44) 「新中央集権」については,前掲鳴海『戦後自治体改革史』137-148頁を参照。
(45) 前掲佐藤『日本広域行政の研究』198-206頁。
(46) 同前 206頁。また,両案については,田中二郎編著『道州制論』評論社1970年の巻末に資料として掲載されたものを参照した。
(47) 前掲「州道府制ニ関スル意見」。
(48) 「民政赤字」という造語については,金井利之「大都市自治体と『民政赤字』」『ガバナンス』97号2009年5月 26-7頁。
(49) 第28次地方制度調査会「道州制のあり方に関する答申」平成18年2月28日の末尾から引用。

参考文献

佐藤俊一『日本広域行政の研究―理論・歴史・実態―』成文堂2006年

日本地方自治学会編『道州制と地方自治』敬文堂2005年

大杉覚『戦後地方制度改革の〈不決定〉形成』東京大学都市行政研究会1991年

天川晃「変革の構想―道州制の文脈―」大森彌・佐藤誠三郎編『日本の地方政府』東京大学出版会1986年

田中二郎編著『道州制論』評論社1970年

194 第8章 道州制論の系譜

図1 行政制度審議会（昭和3年）「州庁設置案」の区割

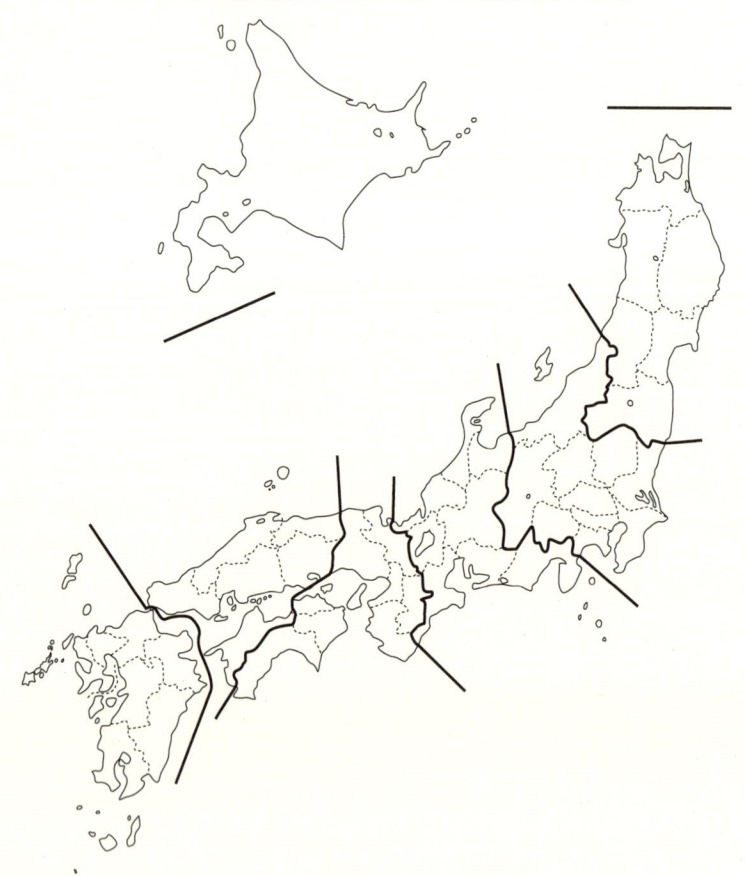

＊ 沖縄は九州の区域に含まれる。

図2　内務省「道州制ニ関スル意見」(昭和17年),「州庁設置案」の区割
(なお,「道庁設置案」の区割も同じ。)
樺太道を置くほか,東京都および横浜特別地区・名古屋特別地区・阪神特別地区・関門特別地区を置く。

＊　沖縄は九州の区域に含まれる。
　　樺太道は省略した。

第9章　地方分権と道州制の経済学

伊 藤 敏 安

　地方分権とは，それぞれの地域の実情にあわせた行政サービスを確保するため，住民に身近な地方政府に対して中央政府から権限と財源を移譲することである。これに対し道州制とは，都道府県制度を廃して広域的な地方政府を設置することを意味する。下方への分散と上方への統合という対立する流れを同時に議論しなくてはならないことが，地方分権と道州制の関係に関する理解を混乱させている面もあるとみられる。

　本章では，経済学の基本概念に依拠しながら，地方分権と道州制にかかわる主要論点を整理するとともに，円滑な推進に向けた課題を検討する。

1 地方分権の意義と留意事項

1.1 地方分権の意義についての経済学的説明

　経済学は，人口や資源が適切に配置され，十分に利用されているかどうか，それによって社会の厚生（望ましい状態）が達成されているかどうかを研究する。経済学の応用分野である財政学・公共経

済学では，地方分権の意義を以下のように説明している。[1]

(1) 足による投票

人々は，多様な商品・サービスのなかから自分にとって効用（主観的満足）の最も高いものを探して購入する。これにならって，C.ティブーは「足による投票」を提唱した。これは，地方政府による行政サービス（地方公共財）を"商品"に見立て，人々が最も好ましい"商品"をとりそろえた地域に移住することを意味する。たとえば高齢者福祉を重視する地方政府には高齢者福祉を選好する人々が集まり，学校教育に重点を置く地方政府には教育に関心を持つ家族が移り住むといったことが考えられる。

足による投票が成立するためには，人々の移動コストがかからないといった前提条件が必要であり，現実には厳密な意味でみられるわけではない。にもかかわらず，地方政府間の競争と人口移動を通じて，人口と資源の適切な配置がおこなわれ，その結果，それぞれの地域の選好に応じた行政サービスの供給が実現しうること，社会全体として行政サービスの供給コストを最小化しうること，つまりは人々の効用面でも社会の効率面でも財政面でも地方分権が望ましいという示唆を得ることができる。

(2) 分権化定理

いま2つの地域があり，行政サービスに対する選好の程度は2地域間で異なるとする。中央政府が行政サービスを供給する場合，個々の地域の選好や実態に応じて供給しようとすれば多大なコストが予想されるため，画一的な行政サービスを提供せざるをえない。その結果，行政サービスに対する選好が高い地域では不足感が生まれるであろうし，選好が低い地域では逆に過剰感を抱くかもしれない。たとえば，わが国では学校や社会福祉施設の建物を南面にする

ことが法令により全国一律に定められている。ところが，北国と南国とでは事情が異なるため，使い勝手の悪さや不満が生じるのはいわば当然である。

そこで，それぞれの地域の実情を最もよく知っている地方政府に行政サービスの供給を任せれば，それぞれの地域でも社会全体でも望ましい資源配分が実現される。直感的にいえば，地域Aの効用をU_A，地域Bの効用をU_B，両者の単純な合計をU_{A+B}で表現したときに，必ず$U_A+U_B \geqq U_{A+B}$になる。これがW. E. オーツのいう「分権化定理」である。分権化定理は足による投票が収束した状態とみなすこともできる。

(3) 財政錯覚の抑制

アメリカの西部開拓時代を思い浮かべればよいのだが，地方自治というのは，地域の問題を解決するために自分たちで租税や労力を分かちあって必要な行政サービス（公共インフラを含む）を確保することが基本である。しかし，受益と負担の関係が地域的または時間的に一致していないときには——他地域から財政移転があるときや公債を発行して財源を調達したときには——，自らの負担が軽減されたと勘違いすることがある。受益と負担の関係が適切に認識されていないと，不相応な公共事業を実施するといった無駄遣いにつながりやすい。これが「財政錯覚」である。

財政錯覚については，政策に関する情報の入手コストの点から説明されることもある。有権者は，自分から遠い政府の問題であれば，あえて手間暇をかけて情報を入手しようとしない（これを「合理的無知」という）。しかし，身近な政府の問題であればおのずから関心の度合いは違う。そのため，最も身近な地方政府に権限と財源を移譲し，住民と議会が参加と監視の機会を強めていけば財政錯覚

を抑制することができる。

1.2 地方分権による望ましい競争

以上から推察されるとおり、足による投票や分権化定理の考えは、地方政府と住民のあいだにおける行政サービスの需給関係をあたかも"市場"のようにみている。"市場"を通じて地方政府がお互いに競争することで、望ましい資源配分と人口の配置が達成され、人々の効用と社会の厚生が最大化されると考える。

たとえば、ある都市が斬新な行政サービスを導入すれば、近隣地域の住民のみならず行政関係者も無関心ではいられない。住民・議会の要求が高まってくれば、類似またはそれに代わる行政サービスを実施せざるをえないであろう（これは「ヤードスティック競争」と呼ばれる）。

また、公共選択論（政府、官僚、政治家、有権者はそれぞれの利己的目的のために行動するという前提のもとで、集合的意思決定過程を分析する経済学の応用分野の1つ）では、税収の最大化と行政サービスの最小化を目的とするリヴァイアサンのような政府を想定している。そのような政府であっても、地方政府間競争が働いているときには、効率的な行財政運営に努めないと納税者に逃げられて安定的な税収確保ができなくなる。つまり、利己的で横暴な政府ですら、その暴走に歯止めをかけることができる。

1.3 地方分権推進の留意事項

地方分権は、人々の効用の面だけでなく、資源配分の面からも望ましい。とはいうものの、現実には下記のような点に注意する必要がある。

第1に、地方政府の数と行政サービスの種類は、実際の財・サービス市場のように数えきれないほど大量に存在しているわけではない。また、たいていの行政サービスは、私的な財・サービスと違って利用者を排除できないし、よほど混雑しない限り大勢の人々が同時に消費できる。そのため、次節でみるように地方政府間競争がいつも適切に作用するとは限らない。

第2に、地域を細分化して地方分権を進めていけばよいかというと、そういうわけでもない。たとえば初等教育、公衆衛生、道路整備などのように、行政サービスのなかには管轄範囲を越えて影響を及ぼすものが少なくない。地域を細分化してこれらを供給しようとすると、かえって無駄や無理が生じてしまう。

第3に、小規模の地方政府が個別に行政サービスを供給するよりも、ある程度まとまって供給することにより、規模の経済(規模が大きくなるにつれて単位あたりコストが低減すること)と範囲の経済(まとめて供給することで共通経費削減などにより総コストが低減すること)が働く。実際、「平成の大合併」の背景の1つには、零細・小規模町村の統合による財政コスト削減への期待があった。

2　地方分権の失敗

食品偽装問題のように当事者間の情報が対称的ではないときや、当事者以外にプラスまたはマイナスの外部効果が働いているときなどには、市場を通じた適切な資源配分がうまくいかないことがある。つまり「市場の失敗」が起きる。その一方、「市場の失敗」を補完しようとして政府が介入しすぎると、円滑な経済活動が損なわれるという「政府の失敗」が生じる。これらと同じように、なんら

かの外部効果が働いて「地方分権の失敗」が起こりうる。

2.1 歳入面の外部効果
(1) 租税輸出

行政サービスの影響範囲が当該地域に限定されているにもかかわらず，その負担の一部を地域外の人々に求めることがある。たとえば東京都の宿泊税，神奈川県富士河口湖町の遊漁税などの法定外目的税がそうである。これらは選挙権を持たない人々に対する課税であり，「租税輸出」と呼ばれる。2008年度に導入された「ふるさと納税制度」も実質的には寄付と変わらないものの，非居住者に"課税"するという点では租税輸出の一種といえるかもしれない。

大都市や観光地は，訪問してくる人々が多いという優位性を有しており，非居住者に対して課税しやすい。法定外目的税を導入している大都市や観光地では「応分の負担をしてもらうため」という理由をあげているが，たとえば宿泊税の場合，ホテル料金にはその都市の上下水道利用料などがすでに織り込まれているはずである。課税する側は「この程度の税率なら」と過小評価しがちであるのに対し，支払う側にしてみれば超過負担を強いられる可能性もある。

(2) 租税競争

企業誘致のために，後述の行政サービス競争（支出競争）とともに，租税の減免がおこなわれることがある。アメリカの州のように地域間で付加価値税率が異なる場合には，消費購買力の流出を防ぐために，税率を引き下げることもある。租税の減免や税率引き下げをめぐる地方政府間の競争が「租税競争」である。

地域Aの税率引き下げは，地域Bから税源を奪うことを意味する。地域Bは，税源を奪われないためにさらなる税率引き下げを

せざるをえない。このようにして租税競争は「底辺への競争」につながりやすい。相互に税率引き下げや減免を競いあっていくと、社会全体として税収不足に陥りかねない。租税競争は、結局はゼロサムゲーム（当事者間の行動が相殺され、利得の総和がゼロになること）に終わるおそれがある。

(3) 垂直的租税外部効果

わが国の法人税・所得税、都道府県住民税、事業税、市町村住民税は、国・都道府県・市町村のそれぞれが同一の課税対象に対して重複課税するものである。都道府県・市町村は、地方税法で定めた標準税率を超えて課税することができるが、超過課税による地方税収は2007年度に6,876億円（うち個人関係135億円、法人関係6,377億円）であり、地方税収全体の1.7%にすぎない。ところが地方分権に伴って課税自主権が拡大されれば、同一税源をめぐる中央政府・地方政府間の軋轢が顕在化することも予想される。

たとえば、中央政府・地方政府のいずれか一方が所得にかかわる税率を高くすると納税者の労働意欲が減退し、もう一方の政府の税収に影響を及ぼすかもしれない。このように同一税源をめぐる中央政府・地方政府間の問題は「垂直的租税外部効果」と呼ばれる。租税輸出と租税競争は、地方政府間の水平的租税外部効果にかかわる問題であり、居住地課税を徹底することで解消しうるのに対し、垂直的租税外部効果は同一税源をめぐる競争であり、「取られるまえに取っておこう」という行動につながりやすい。

それが高じると「共有地の悲劇」（所有権が設定されておらず、利用のルールがない共有地については、濫用・乱獲によって資源が枯渇してしまうこと）のように、地域経済そのものの衰退を引き起こしかねない。

2.2　歳出面の外部効果

(1) 便益のスピルオーバー

たいていの行政サービスは，その影響が当該地方政府のなかで完結しているが，管轄範囲を越えて影響が広がることも珍しくない。たとえば地域をまたがる道路や河川，地域外の通勤者・通学者の利用が多い中心都市の公立図書館などがそうである。このように行政サービスの便益が地域外にスピルオーバーしているときには，受益を享受しているのに応分の負担をしていないフリーライダーが生まれやすい。フリーライダーが発生しているときには，行政サービスを供給している地方政府にとっては過剰負担であっても，社会全体としては必要な行政サービスが十分に確保されない。つまり，適切な資源配分を歪めてしまう。

行政サービスの供給にはスピルオーバーに伴う問題が発生しうることから，足による投票や分権化定理が教えるように，地域を細分化すれば細分化するほどよいとは限らない。スピルオーバー問題に対処するためには，便益が影響を及ぼしている複数の地方政府が合併するか，少なくとも広域的な行政の仕組みを整備すればよい。あるいはスピルオーバーしている便益に応じて補助金や補償金で手当することも考えられる（この場合には中央政府の関与が強まる）。

(2) 行政サービス競争（支出競争）

前出の租税競争は歳入面の地域間競争であるのに対し，歳出面の行政サービスをめぐる地域間競争もある。たとえば，企業誘致のために周辺の道路や港湾を整備したり，「ふるさと納税」による寄付者へのお礼として地域特産品を贈ったり，地域内で流通する買い物券にプレミアムをつけて売り出したりといった事例がそうである。企業誘致のために100億円を超える立地奨励金を提示する事例もみ

られる。

アメリカでは企業誘致競争が熾烈化した結果，学校教育や社会福祉にしわ寄せが来るなど，社会全体でみるとマイナスサム（利得の総和がマイナスになること）になるという弊害も指摘されている。行政サービス競争（支出競争）もやはり「底辺への競争」につながりやすい。

2.3 地方政府間の「悪い競争」

個々の地方政府が住民の厚生の向上をめざして相互に競争するのは望ましいことだが，外部効果が作用しているときには社会全体として望ましくない。

意識的な「悪い競争」としては「逆福祉競争」や「近隣窮乏化戦略」がある。たとえばアメリカの比較的裕福なコミュニティでは，租税負担を高くしたり，住居1区画の規模を大きくすることを義務づけたりする一方，行政サービス水準を低下させることによって，低所得層の流入を防ごうとすることがある。行政サービス水準を高くすれば，担税力の弱い人々が集まってきて，結局は税収不足につながるからである。わが国の大都市圏において低所得高齢者のための施設を近隣県に探し求めたり，退職者の地方移住を促進しようとしたりすることは，ある種の近隣窮乏化にあたるかもしれない。不況が長期化してくると地方自治体のなかには，仕事も住まいも失った人々に対して最寄りの大都市までの交通費を支給する事例があるという。いわゆる「NIMBY」（Not in My Backyard）もそうである。ゴミ処分場，大規模エネルギー施設，火葬場などは必要であっても，できれば自地域には立地してほしくない。

そのほか「地方債の食い逃げ」も「悪い競争」といえる。地方債

の発行によって便益を享受しても，償還のための負担が必要になると転居してしまう可能性がある。あるいは将来世代に負担を委ねてしまうことがある。

このようにみてくると，地方分権はつねにバラ色であるとは限らない。道州制担当大臣の私的懇談会であった道州制ビジョン懇談会の中間報告（2008年3月）には，「国民の選択と支持によって，地域相互の，すなわち各道州間の善政競争が促進され，繁栄の拠点が各地に形成され，国の経済力が強化される」という記述がある。しかし，関連する制度・仕組みが十分に整備されていないときには，地方政府間の「悪い競争」をもたらすことにも留意しておかなくてはならない。

3 中央政府・地方政府の役割分担

全国知事会「道州制に関する基本的考え方」（2007年1月）では，「"国と地方の役割分担"を抜本的に見直し，現在国が担っている事務については，外交，防衛，司法など，国が本来果たすべき役割に重点化し，内政に関する事務は，基本的に地方が担うこととすべき」としている。大まかにはこのとおりなのだが，中央政府・地方政府の役割分担をめぐっては，いくつか重要な争点がある。

3.1 伝統的財政学による役割分担論

伝統的財政学によると，中央政府の役割は，①国家公共財（便益が国民全体に広く及ぶ外交，防衛，司法，科学技術など）の供給，②所得税制や社会保障制度を通じた所得再分配，③金融財政政策による経済安定化の3つとされる。これに対し地方政府は，便益が当該地

域に及ぶ地方公共財（行政サービス）の供給を担うとされている。国家公共財と地方公共財による役割分担は分かりやすい。

伝統的財政学の立場では，地方政府は所得再分配と経済安定化に関与できない。そのための十分な財源を持たないし，中央銀行のような金融政策の手段を保有していないからである。しかも地域経済は開放的であり，人々の地域間移動は原則として自由であるため，特定の地方政府が所得再分配を実施すると低所得層が流れ込んできたり，公共事業を実施すると失業者が流入したりする可能性があるからである。

ところが，わが国の地方政府は所得再分配と経済対策に深くかかわっている。市町村は，社会福祉や保育所などの所得再分配にかかわる事務を担当していると同時に，国民健康保険と介護保険の保険者でもある。また，バブル崩壊後の1990年代には地方財政が逼迫するほど国の経済対策への協力が求められてきた。そのため，伝統的財政学による説明が単純には適用できない面もある。

3.2 制度論的役割分担論

伝統的財政学による中央政府と地方政府の役割分担論（「財政連邦主義」ともいわれる）は，アメリカの大都市圏をモデルに生まれたものであり，わが国やヨーロッパの実態にはそくしていないという批判もある。そのようないわば制度論的役割分担論の立場では，地方政府は，地方公共財と準私的財の供給を担うと同時に，部分的ながら所得再分配機能を担うとされる。

準私的財というのは，介護，育児支援，医療，教育などにかかわる行政サービスのことである。これらは排除的であり（当事者以外は消費できない），当事者に便益が帰着するという点で私的財である

にもかかわらず，社会全般への影響が大きいために政府部門も供給する。準私的財の供給は現物給付の形態をとることが多いが，最も身近な地方政府であれば，本人の状況や地域の実情に応じてより細やかに対応することができる。

EU統合に典型されるように，グローバル化の進展に伴って従来の国民国家・福祉国家の枠組みが希薄化する一方，準私的財への行政需要が増大するなかで，住民に最も身近な地方政府の役割が重要になってきている。これは，地方分権推進の最も重要な根拠の1つとされている（神野 2002）。また，このような準私的財に対する行政需要の増大と相まって，1980年代半ばに「ヨーロッパ地方自治憲章」が採択された。そのなかでは「公的部門が担うべき責務は，原則として市民に最も身近な公共団体が優先的に執行する」という補完性・近接性の原則がうたわれている。補完性・近接性の原則は地方分権の最も重要な基本理念の1つである。

3.3 政府間関係のとらえ方

わが国の地方分権論・道州制論のなかには，「制度疲労を起こしている中央集権体制を打破すれば日本はよくなる」という素朴な議論も見受けられる。だからといって，中央政府の役割を外交，防衛，司法，科学技術などの国家公共財の供給に純化し，残りの公共財・行政サービスの供給を地方政府に委ねれば，地方分権が進展してすべてがうまくいくかというとそういうわけでもない。

中央政府と地方政府の関係については，天川（1986）と秋月（2006）の類型化がある。これは，地方政府が自律的な意思決定機能を持っているかどうかという「集権―分権」の軸と，ある地方政府の管轄地域において中央政府の機能を中央政府と地方政府のいず

3 中央政府・地方政府の役割分担

図1　中央政府と地方政府の関係についての考え方

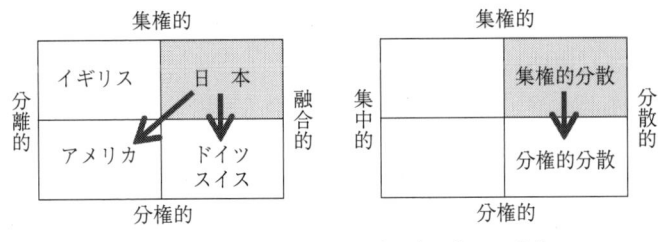

```
         集権的                          集権的
    ┌────────┬────────┐          ┌────────┬────────┐
分  │イギリス │ 日 本  │融    集   │        │集権的分散│  分
離  │        │        │合    中   │        │        │  散
的  ├────────┼────────┤的    的   ├────────┼────────┤  的
    │アメリカ │ ドイツ │          │        │分権的分散│
    │        │ スイス │          │        │        │
    └────────┴────────┘          └────────┴────────┘
         分権的                          分権的
```

（注）左は天川（1986）と秋月（2006），右は神野（2002）に基づいて作成。

れが担うかという「分離―融合」の軸を組み合わせたものである。現在のわが国は，中央政府による意思決定のもとで中央政府と地方政府が融合的に実施するという「集権―融合型」に区分される。地方分権の推進とさらには道州制への移行にあたっては，ドイツやスイスのように「分権―融合型」を志向するのか，アメリカのように「分権―分離型」をめざすのかが問われている。

天川・秋月の整理については，第1期分権改革（1993～2000年度）によって機関委任事務（国から都道府県知事や市町村長に委任され，国の指揮監督のもとで実施される事務）が廃止されたことなどから，実態にそくしていないという見解もある（西尾 2007）。そこで神野（2002）は，行政サービスに関する意思決定を中央政府と地方政府のどちらが主導しているかという「集権―分権」の軸と，行政サービスを主にどちらが供給しているかという「集中―分散」の軸を組み合わせた類型化を提示している。これによると現在のわが国は，従来の「集権的分散システム」から「分権的分散システム」への移行が課題とされる。

さらに持田（2004）は，アメリカの大都市圏のように中央政府と地方政府のあいだで税源と役割が截然と分離された「競争的分権モ

デル」との対比で，わが国やヨーロッパでみられる政府間関係を「統合モデル」と呼んでいる。そのうち日本，ドイツ，イタリアは，中央政府と地方政府の機能が重複し，依存財源比率と使途が限定された特定補助金のウエイトが高い「行政的分権モデル」とされる。これに対しカナダや北欧諸国は，標準的行政サービスについては使途の制約が緩やかな包括補助金や財政調整交付金でまかない，それを超える行政サービスについては地方政府の自己責任に委ねる「協調的分権モデル」に分類される。

持田（2004）によれば，現在のわが国は行政的分権モデルを脱して，アメリカのような競争的分権モデルをめざすか，ヨーロッパのような協調的分権モデルに移行するかで揺れ動いているという。

3.4 地方分権の態様

わが国において中央政府と地方政府の関係に関する軸足が定まらないのは，「地方分権」に対する理解が平板的なことも関係していると考えられる。中央政府・地方政府間において財政的にも行政・政治的にも権限が分散されることが"Decentralization"であるが，異なる形態もある（政府内での分権は"Deconcentration"といわれる）。すなわち，財政的に集権だけれども行政・政治的な分権は

図2 地方分権の類型

	財政的集権	財政的分権
行政的・政治的集権	Centralization	Delegation
行政的・政治的分権	Devolution	Decentralization Deconcentration

(注) 岩崎（1998），工藤（2008）を参考に作成。

"Devolution"であり，行政・政治的に集権だが財政的な分権は"Delegation"とされる。

最近のわが国では，中央省庁の無駄遣いや官僚の不祥事とも相まって，中央政府と地方政府を敵対的にとらえることがある。中央政府はすべて"悪者"とする見方も一部にはみられる。しかし，そのような否定的側面に拘泥し，中央政府も地方政府も国家を構成していることを見落としてしまうと，中央政府・地方政府を通じてなにをどう守るかという理念を見失いかねない。岩崎（1998）が指摘するとおり，「基礎自治体の改革は分権型社会を，広域自治体の改革は分権型国家を実現させるため」のものであり，道州制と国家のあり方あるいは社会的統合に関する論議は密接に絡んでいることに留意する必要がある。

4 道州制論議の不都合

最近のわが国では「道州制になればこうなる」という議論は活発だが，なぜ道州制が必要かについての説明は十分ではない。地方分権と道州制に伴って予想される不都合について議論も十分とはいえない。主要な争点として以下のようなものがある。

4.1 下方細分化と上方統合化
内閣総理大臣の諮問機関である第28次地方制度調査会は2006年2月，「道州制の導入が適当」という最終答申をおこなった。同答申による道州とは，①都道府県に代えて設置され，②都道府県を越える広域の事務を担い，③その長と議会議員は直接選挙によって選任される中間政府のことである。道州制移行の必要性については，①

市町村合併の進展に伴い，都道府県の空洞化が懸念されること，②都道府県を越える広域的行政課題が増大していること，③明治21年以来の47都道府県体制のままではさらなる地方分権改革に対応しえないこと，といった要因があげられている。

これらはそのとおりなのだが，足による投票や分権化定理のような地方分権の基本原則になぜ逆行するかを説明しているわけではない。実際，全国知事会長の麻生渡福岡県知事は，「地方分権の基本は住民自治，近接性および補完性の3点であるが，これらから道州制をうまく説明できないのが難点」と慨嘆している。(2)

道州制の制度設計に際しては，スピルオーバー問題や行財政システムの効率化の程度などについて可能な限り定量的に計測して，経済的厚生の変化を点検すると同時に，市町村合併の検証をふまえながら住民自治のあり方を検討していく必要がある。

4.2 中央政府の守備範囲

本格的な地方分権に向けて，まずは中央政府・地方政府を通じて，それぞれの守備範囲を徹底して見直し，行財政システムの効率化を図ることが前提である。そのうえで，それぞれの役割に応じた税財源を配分する必要がある。地方分権時代における中央政府の役割は，現在ほど広範かつ細部にわたる必要はないが，その守備範囲を外交，防衛，司法，科学技術などに限定してよいというわけでもない。

中央政府と地方政府の役割分担を明確化すれば，地方政府に対する中央政府の少なくとも財政的関与はなくなるはずである。しかし，完全に消滅するとは考えられない。その理由の1つは，次項でみる財政調整の問題である。もう1つは，ナショナル・ミニマム

（全国どこでも均しく享受できる最低限の行政サービス水準）にかかわる行政サービスあるいは国民全般に影響するような外部効果を有する行政サービスの問題である。

国民経済計算における一般政府部門は，中央政府，地方政府および社会保障基金の３つに区分される。わが国の社会保障基金は，厚生年金，国民年金，労働保険，共済組合，健康保険組合などから構成される。人々の安心を確保するためにも，またリスク分散のためにも，これらの制度は全国一律の仕組みのもとで実施することに整合性がある。

このほか公的扶助，公衆衛生，義務教育，介護，医療などは，中央政府と地方政府の共通の行政任務ともいえる。これらの行政サービスについては，資金調達から給付基準・給付水準の決定まで個々の地方政府の判断や責任に委ねておくと地域間のバラツキが大きくなる。負担を低くして給付水準を高くすれば，結果として担税力の弱い人々が集まるかもしれない。あるいは他地域からのスピルオーバーを期待してフリーライダーを選択する地方政府が出てくるかもしれない。そのため，地方政府が供給するときでも中央政府が財源の一部を保障している。わが国では国庫負担金と国庫補助金がそれである。

国庫支出金（国庫負担金，国庫補助金，国庫委託金の総称）については使途や要件が細かく特定されており，地域の実情にあわせた運営ができないことが最も大きな問題である。もちろん国庫支出金のなかには廃止するか，少なくとも地方政府に移譲してよいものも少なくない。それでもなお中央政府と地方政府が共通で取り組むべき行政任務のうち，中央政府が財源の一部を負担する場合であっても，実際のオペレーションの細部は地方政府に委ねていく必要があ

る。そのうえで生じる地域間格差は当然の差違として、それぞれの地域で甘受しなくてはならない。

一方、国と地方の税源配分は「6：4」であるが、歳出ベースでは「4：6」に逆転する。全国知事会などは、当面これを「5：5」に改善するよう要請している。中央政府の役割を限定すれば歳入ベースでも「4：6」にしてもおかしくないはずだが、次のような問題を考慮しておく必要がある。

第1に、人口構成の変化とも相まって、ナショナル・ミニマムにかかわる支出は今後とも増大することが予想される。そのため、中央政府・地方政府を通じてナショナル・ミニマムの確保に対処しようとすれば、現行の国庫支出金のような仕組みをなんらかの形で保持しておかなくてはならない。

第2に、地方分権・道州制を促進したからといって、中央政府・地方政府間の垂直的財政調整を完全になくしてよいわけではない。これは次項で検討する。

第3に、2008年度末における国・地方の長期債務残高は合計で778兆円、うち地方分は197兆円である。地方の歳入ウエイトを必要以上に拡大していくと、中央政府の国債償還が圧迫され、それが地方債の調達コストに影響することにより地方財政の悪化につながってしまうおそれもある。[3]

結局のところ林（2010）が指摘するとおり、国対地方の税源配分を「5：5」にしてしまうと、歳出ベースで「4：6」にするための財源は「1」しか残らないことになる。

4.3 財政調整の扱い

地方分権・道州制をめぐる論議のなかで財政調整をめぐる議論

は，最も悩ましい問題の1つである。

　地方政府の財政力は，その地域の経済力と行政需要によって規定される。所得，資産，消費などによって表現される経済力，つまり課税力には地域格差がある。そのうえ同じ行政サービスを供給する場合でも社会的・自然的条件などが違えば行政需要の内容は異なる。そのため地域によって財政力格差が生じることは避けられない。だから政府間の財政調整が必要になる。

　地域間の財政力格差を放置しておくことは，「経済条件が同等である個人は，居住地に関係なく同等の行政サービス水準を確保しなくてはならない」という財政的公平性の点から好ましくない。人口移動は自由であるが，財政的理由によってのみ移動が左右されるようになると，人口や資源の配分に歪みが生じるため，経済効率性の点でも望ましくない。

　財政調整の方法は，中央政府・地方政府間の垂直的財政調整と地方政府間の水平的財政調整に分けられる。素朴な道州制論のなかには「地方政府で共同税をプールし，分けあえばよい」という意見があるが，垂直的財政調整と水平的財政調整とは，中央政府を介するかどうかという点で異なるものの，実質的には富裕地域から非富裕地域への所得移転である点では変わらない。水平的財政調整（「ロビン・フッドモデル」ともいう）は理想的にみえるが，負担地域と受益地域が明確に色分けされるため，地域間の軋轢が顕在化しがちである。事実，ドイツとスウェーデンでは富裕地域が何度かの訴訟を起こし，いずれも違憲判決が下されている。両国ではその後，水平的財政調整を垂直的財政調整で補完している。水平的財政調整を導入しているのは，両国のほかにデンマークくらいである。

　これに対し，全国知事会などから構成される地方6団体は「地方

共有税」を提唱している。これは，地方交付税制度をふまえつつ，現行制度のように交付税原資をいったん国の一般会計に入れたあとで特別会計に移すのではなく，特別会計に直入するものである。これにより地方主導の形にあらためつつ，現行の地方交付税制度と同じように地域間の直接の対立を緩和させることが期待される。とはいいながら，「地方共有税」も富裕地域から非富裕地域への財政移転であることに変わりはない。

　地方分権というのは，みずからの負担でもって必要な行政サービスを確保することが基本であり，一定程度の地域間格差を容認せざるをえない。そのため地方分権・道州制が進展すれば，地方圏の人々にとっては，これまでと同じような水準の財政調整は見込まれないことに留意しておく必要がある。[4]

5　おわりに

　地方分権・道州制の見通しは，依然として不透明である。地方分権・道州制の問題はもともと国政選挙の争点とはなりにくい。2009年に誕生した新政権が「生活重視」の政策を展開しているなかでは，与党・野党ともにこの問題を選挙の争点として取り上げるのは得策でもない。

　中央省庁の官僚にしてみれば，自分たちの権限と財源が剝奪されるという思いがあることは想像にかたくない。財政調整の原資を負担してきた地域にとって地方分権とは，自分たちの租税を自分たちのために使うものだという主張を強めてくるかもしれない。地方圏選出の多くの国会議員や首長・議員にとっては，これまでは他地域からの財政移転をいかに獲得するかが重要な仕事の1つといえた

5 おわりに

が,地方分権・道州制が進展すれば,そのような仕事はほぼ消えてなくなる見込みである。一方,負担を上回る受益を享受してきた地方圏の人々は,いまさら厳しい状態にみずからを追い込みたくはなかろう。[5]

地方圏の人々にとって地方分権には大きな利点があるが,厳しさや不都合を伴うことをまずは認識すべきである。さしあたり,すべての都道府県・市町村が"夕張市"になったつもりで,現在の受益・負担関係,地方債と公営企業債(上下水道,工業用水,公営交通,病院などの事業を実施するための負債)の残高などを白日のもとにさらけ出して点検してみる必要がある。[6]それを確認したうえで,受益・負担関係をできる限り一致させながら,長期債務を返済しつつ多様な行政需要に対応していこうとすることで,人々の参加と監視の意識は変わるであろうし,財政規律が保たれることになる。これがいわば「地方自治の本旨」にほかならない。

現下の地方分権・道州制に関する論議は,行財政システムの効率化の問題に偏りがちであり,ややもすれば住民不在の議論に陥りがちである。地方分権の基本はあくまで基礎自治体,すなわち市町村であり,道州はより広域的な固有の役割を担うと同時に,国家の機能の一部を担うかもしれないことにも留意しておかなくてはならない。

地方分権・道州制に関する論議は,いわば階段の踊り場のような状態にある。地方分権・道州制の問題について,住民自治と社会の厚生,さらに社会的統合の観点からあらためて問い直していく好機ともいえる。

[注]
(1) 地方分権の意義として,このほかに政策ラグの改善,政策実験とその普及があげられる。なんらかの政策課題が発生しても,その認知,政策の発動,政策効果の発揮までにはそれぞれラグが生じる。地方分権をすれば,そのようなラグが改善されることが見込まれる。また,地方政府による多様な取り組みは,たとえ失敗しても社会全体にリスクが及ぶことはないうえ,ある地域で政策実験が成功すれば,他地域への波及効果が期待される。
(2) 日本地域学会第44回年次大会における公開シンポジウムでの基調講演「第2期地方分権改革の推進と道州制」(2007年10月,九州大学)による。
(3) 地方分権改革推進委員会第4次勧告(2009年11月)に添付されている井伊雅子委員の補足意見を参照。
(4) 都道府県と市町村を合計した一般財源(地方税,地方譲与税,地方特例交付金等,地方交付税の合計)を人口1人あたりにして,道州制11区域案別にみると,2007年度の場合,全国では44.5万円,最大の北海道52.2万円と最小の北関東38.2万円の格差は1.4倍,変動係数は0.101にすぎない。地方交付税は国税5税の一定割合を原資にしているが,これを発生地ベースのままでみると,最大の南関東70.3万円と最小の沖縄22.9万円との格差は3.1倍,変動係数は0.339に拡大する。ただし,現行税制のもとでは法人税や源泉徴収税は本社所在地で計上されている。これを各地域の地方税などで割り戻して,いわば実力ベースで再配分してみると,最大の南関東59.4万円と最小の沖縄24.9万円の格差は2.4倍,変動係数は0.237に少し是正される。3番目の配分方法は各地域の経済活動の水準を反映したものといえるが,地域間財政格差は厳然として残る(伊藤2010b)。
(5) 受益額を地方税,地方譲与税,地方特例交付金等,地方交付税および国庫支出金の合計,負担額を地方税と国税収納済額の合計とし,それぞれ人口1人あたりでみると,2007年度の場合,全国では受益額52.5万円,負担額73.0万円である。受益・負担差額の▲20.5万円はいわば国家公共財の供給コストにあたる。受益・負担差額を道州制11区域案別にみると,南関東▲80.7万円,東海▲25.0万円,関西▲21.8万円,北関東▲5.1万円であり,いずれも持ち出し超過である。一方,沖縄25.0万円をはじめ,残りの

地域ではいずれも数万円から20万円近い受け入れ超過である（伊藤2010b）。
(6) 2007年度における地方の長期債務残高は，交付税特別会計借入金残高の地方分34兆円，地方債残高138兆円，公営企業債残高の普通会計分27兆円，合計199兆円である。このほか普通会計以外の公営企業債残高31兆円がある（伊藤2010b）。

［文献］

秋月謙吾, 2006,「民主主義体制における財政調整制度と政府間関係」, 持田信樹編『地方分権と財政調整制度』東京大学出版会

天川晃, 1986,「変革の構想―道州制論の文脈―」, 大森彌・佐藤誠三郎編『日本の地方政府』東京大学出版会

林正義, 2008a,「地方分権の経済理論」, 貝塚啓明・財務省財務総合政策研究所編『分権化の地方財政』中央経済社

林正義, 2008b,「地方財政と政府間財政関係」, 畑農鋭矢・林正義・吉田浩『財政学をつかむ』有斐閣

林正義, 2010,「地方財源の充実と税源移譲の論点」『都市問題研究』62 (1)：79-93

林宜嗣, 2008,『地方財政（新版）』有斐閣

堀場勇夫, 1999,『地方分権の経済分析』東洋経済新報社

堀場勇夫, 2008,『地方分権の経済理論』東洋経済新報社

伊藤敏安, 2009a,『地方分権の失敗 道州制の不都合』幻冬舎ルネッサンス

伊藤敏安, 2009b,「地方分権と財政調整―地域の自立を支える分かちあい―」『エネルギア地域経済レポート』No. 419

伊藤敏安, 2010a,「市町村合併と"三位一体の改革"による地方財政への影響―人口あたり地方税・地方交付税・国庫支出金の変化とその要因―」『地域経済研究』21：3-21

伊藤敏安, 2010b,「地方財政からみた道州制の課題に関する検討」『地域経済研究』21：71-93

岩崎美紀子, 1998,『分権と連邦制』ぎょうせい

神野直彦，2002，『財政学』有斐閣

工藤裕子，2008，「広域行政制度としての道州制―イタリアの経験から―」『地域開発』523：31-36

持田信樹，2004，『地方分権の財政学』東京大学出版会

持田信樹編，2006，『地方分権と財政調整制度』東京大学出版会

持田信樹，2009，『財政学』東京大学出版会

西尾勝，2007，『地方分権改革』東京大学出版会

佐藤主光，2004，「地方分権を巡る誤解―地方財政理論に基づく分権化の再検証―」『ファイナンス』40 (2)：52-58

佐藤主光，2006，「政府間財政関係の政治経済学」『フィナンシャル・レビュー』82：103-137

佐藤主光，2009，『地方財政論入門』新世社

第10章　第二期地方分権改革と道州制
―― 広島県が目指す分権型社会の実現に向けて

平 川 佳 実（広島県分権改革課）

1　分権改革の必要性

　分権改革が求められる社会的背景として，中央集権型行政システムの制度疲労，少子・高齢化と人口減少社会の急速な進展，国・地方を通じた危機的な財政状況の3つが挙げられる。これらの状況を打開するためには，地方分権改革を推進する必要がある。

1.1　中央集権型行政システムの制度疲労
　明治以来の中央集権型行政システムは，急速な近代化と経済発展に寄与してきた面もあるが，権限・財源・人間・情報を過度に中央に集中させ，地方の活力を奪ってきた点や，全国画一の統一性と公平性を重視するあまり，地域的な諸条件の多様性を軽視し，地域ごとの個性を発揮できないといった弊害もある。

1.2　少子・高齢化と人口減少社会の急速な進展
　他国に類をみない急激な少子・高齢化が進み，人口減少社会へ移行するという大きな変革期を迎えている（表1）。こうした人口構

表1 将来推計人口

区 分	H17（2005）	H27（2015）	H47（2035）
総人口	1億2,776万人	1億2,543万人 （▲233万人　▲1.8%）	1億1,067万人 （▲1,709万人▲13.4%）
生産年齢人口 （15歳～64歳）	8,442万人	7,680万人 （▲762万人　▲9.0%）	6,291万人 （▲2,151万人▲25.5%）
年少人口 （14歳以下）	1,758万人	1,484万人 （▲274万人　▲15.6%）	1,051万人 （▲707万人　▲40.2%）
老年人口 （65歳以上）	2,576万人	3,378万人 （+802万人　+31.1%）	3,724万人 （+1,148万人+44.6%）

資料：国立社会保障・人口問題研究所（18年12月推計）

成の急激な変動に対応して各種行政サービスを適切に提供するためには，国の省庁の縦割りを排除し，住民に身近で，総合的な行政が可能な地方において，創意工夫しながら対応していく必要がある。

1.3　国・地方を通じた危機的な財政状況

いわゆるバブル経済の崩壊後，国・地方を通じて，公共投資を中心とした景気対策が実施され，大量の国債や地方債が発行された。また，平成20年秋以降の世界的な景気後退に伴い，国・地方を通じて大幅に税収が減少し，財源不足が拡大したため，赤字国債や臨時財政対策債を増発した。その結果，国・地方の長期債務残高は大幅に増大し，平成21年度末における国・地方を合わせた長期債務残高は804兆円（平成21年度当初予算ベース）と見込まれ，国・地方を通じて危機的な財政状況にある（表2）。

今後，少子・高齢化がさらに進行し，従来のような右肩上がりの経済成長は見込めない中で，既存の制度や政策を維持することは，

表2 国及び地方の長期債務残高

区　分	7年度末 〔実績〕	12年度末 〔実績〕	19年度末 〔実績〕	20年度末 〔補正後〕	21年度末 〔予算〕
国・地方合計	約410兆円	約646兆円	約767兆円	約787兆円	約804兆円
対GDP比	82.6%	128.1%	148.6%	154.6%	157.5%

資料：財務省「わが国の財政事情」（平成20年12月）

財政的に困難な状況にある。

2　広島県の取組

　これまでの中央集権型行政システムを改め，地方自治体の自主性・自立性を高めることにより，自らの判断と責任において行政を運営していくという地方分権の理念に基づき，住民に身近な行政サービスを自己完結的に処理できる基礎自治体の実現を目指して，全国に先駆けた市町村合併や市町への大幅な権限移譲に取り組んできた。

　平成18年12月に，国から地方への権限移譲の一層の推進などを盛り込んだ「地方分権改革推進法」が成立したことに伴い，地方分権の究極の姿である道州制を視野に入れた分権改革に本格的に取り組んでいる。

　このように，広島県では，地域のことは地域が自らの判断と責任で定め，住民の多様なニーズに柔軟に対応できる個性豊かで活力に満ちた地域社会を築いていく「真の分権型社会」の実現に向けて，段階的な取組を行っている。

第1段階　基礎自治体の自己完結型自治体への転換
第2段階　第二期地方分権改革の実現
第3段階　自治的道州制の実現

2.1　基礎自治体の自己完結型自治体への転換（第1段階）

　地域の実情や住民ニーズに沿った，より良い行政サービスを提供するためには，基礎自治体が，福祉・保健，地域内の社会資本整備やまちづくりなど，住民に身近な行政を自主的かつ総合的に提供する自己完結型の自治体に転換する必要がある。このため，県から市町への大幅な事務・権限の移譲を進めるとともに，人材育成や財政的支援などを通じて，市町の体制整備を支援し，県内の市町が自己完結型自治体として自立できるよう取り組んでいる（図1，表3）。

(1) 市町村合併の推進

　広島県では，86あった市町村が平成18年3月に23市町（14市9町）に再編され，合併による市町村数の減少率は全国トップである（表4）。

　市町村合併の目的は，市町村が将来にわたって，住民に身近な行政サービスを持続的・効果的に提供するため，行財政体制を整備す

図1　基礎自治体の自己完結型自治体への転換のイメージ

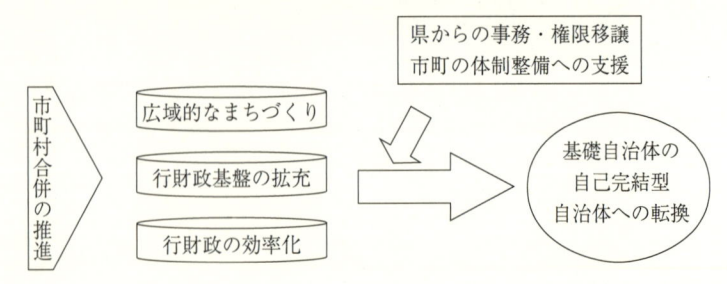

表3　広島県の分権改革の取組

	～H12	H13～H15	H16～
県と市町村との新たな関係の構築	広島県市町村分権システム推進計画(H11.12策定) 【計画期間】12～16年度 【主な内容】 ・県と市町村との新たな関係（権限移譲の推進等） ・市町村行政体制の構築（人材確保・育成） ・広域行政の推進（市町村合併の推進）	市町村への権限移譲計画（第1次）(H14.3策定) ひろしま自治人材開発機構設置(H14.4)	広島県分権改革推進計画(H16.11策定) 【計画期間】17～21年度 【主な内容】 ・分権型行政システムを目指して ・行政と民間との役割分担、国・県及び基礎自治体のあり方（県から市町への権限移譲の推進） ・将来の広島県のあり方（道州制の検討）
広域行政市町村合併の推進	「中山間地域活性化対策基本方針」(H9.2策定)に基づく集落・生活拠点整備モデル事業の実施（9～10年度）→大崎上島・世羅・江能倉橋島・高田・神石の5地域で広域連携が促進	広島県市町村合併推進要綱(H12.11策定) 【重点推進期間】13～16年度 【主な内容】 ・合併の効果、合併に向けた課題への対応 ・県の支援策 ・合併パターン	
(参考)国の動き	合併特例法（旧法）H7.4～17.3		(新法)H17.4～22.3
	H7.5 地方分権推進法成立	H12.4 地方分権一括法施行・機関委任事務の廃止	三位一体改革	H18.12 地方分権改革推進法成立
	第一期地方分権改革（H5～18）		第二期

表4 市町村数の減少率が高い上位3県

順位	県名	H11.3.31の市町村数	H21.1.1の市町村数	市町村数減少率
1	広島県	86	23	73.3%
2	新潟県	112	31	72.3%
3	愛媛県	70	20	71.4%
全国		3,232	1,781	44.9%

資料：総務省ホームページ http://www.soumu.go.jp/gapei/index.html より作成

るとともに，広域的なまちづくりを実現することである。本県の合併も，この目的に沿って進められたものであり，平成13年度から16年度を重点推進期間として，県内全ての市町村で，将来の地域を展望し，合併について真剣な議論が行われた。また，平成9年度から10年度にかけて「中山間地域活性化対策基本方針」に基づいて集落・生活拠点整備モデル事業を実施し，複数の市町村による共同の取組を支援したことも，全国に先駆けて合併が進展した一因になったものと考えている。

(2) 行財政体制の整備

市町村合併により，県内の人口1万人未満の小規模市町村は，52町村からわずか2町に減少し，基礎自治体の人口規模や財政規模が拡大するなど，行財政基盤が拡充した。行政組織の拡大により，専門組織の設置による多様な行政施策の展開や計画的な職員採用・研修の充実を通じた職員の政策形成能力の向上などが可能となった。また，重複する内部管理部門の効率化が図られ，行政サービスや事業を直接行う部門に職員を相対的に多く配置することができるようになった。財政規模の拡大により，重点的な投資による大規模事業

図2 県内基礎自治体の人口規模

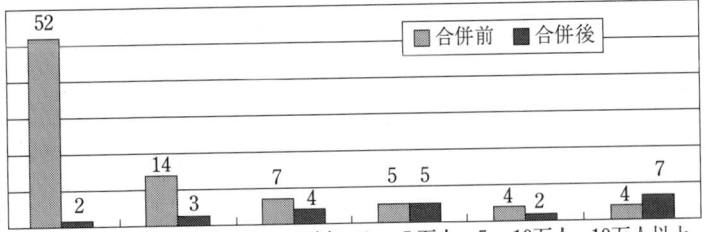

人口規模	合併前	合併後
1万人未満	52	2
1～2万人	14	3
2～3万人	7	4
3～5万人	5	5
5～10万人	4	2
10万人以上	4	7

表5 県内基礎自治体の平均人口・面積・標準財政規模

区　分	平均人口	平均面積	平均標準財政規模(注) （広島市を除く）
合併前　A	33,449人	98.6km²	49億円
合併後　B	125,071人	368.6km²	185億円
B／A	3.7倍	3.7倍	3.7倍

(注) 標準財政規模とは、地方公共団体が標準的な行政を行うために必要とされる一般財源の規模を一定の計算式により算出したもの

表6 行財政の効率化

区分	議員数 （県内市町合計）	三役・教育長数 （県内市町合計）	一般行政部門職員数 （広島市を除く 県内市町合計）
合併前　A	1,343人	332人	12,158人
合併後　B	596人	87人	11,514人
差　引	▲747人	▲245人	▲644人

の実施や各種事業の計画的な実施が可能となった（図2，表5，表6）。

(3) 県から市町への権限移譲

広島県では,平成16年11月に「分権改革推進計画」(平成17~21年度)を策定し,住民の日常生活に関連した行政サービスについて,可能な限り,県から市町への事務・権限移譲を進めており,平成21年度までに,移譲対象事務2,446事務の約4分の3に当たる1,766事務を移譲している(図3,表7)。全国に先駆けた取組として,旅券の申請・交付の事務を県内全市町村に移譲しているのは本県を含め全国で3県のみであり,また,平成21年度からは,全国で初めて,地方港湾(安芸津港)の管理権限を東広島市に移譲した。

このように,合併により23市町への再編が行われた結果,行財政

図3 県から市町への権限移譲の進め方

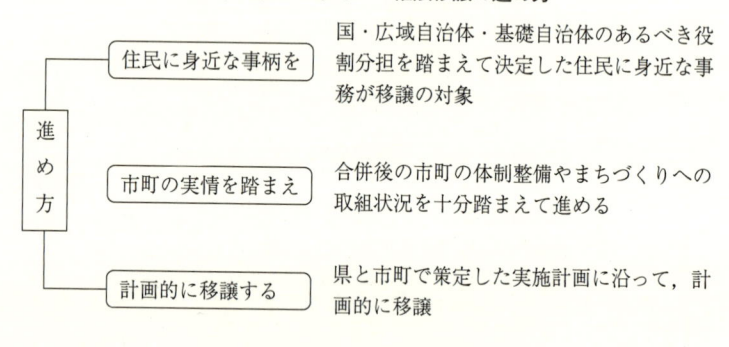

進め方
- 住民に身近な事柄を：国・広域自治体・基礎自治体のあるべき役割分担を踏まえて決定した住民に身近な事務が移譲の対象
- 市町の実情を踏まえ：合併後の市町の体制整備やまちづくりへの取組状況を十分踏まえて進める
- 計画的に移譲する：県と市町で策定した実施計画に沿って,計画的に移譲

表7 分権改革推進計画の進捗状況

区分	移譲対象事務数（全市町延数）	17年度	18年度	19年度	20年度	21年度
移譲事務数（累計）	2,446	80	402	1,075	1,621	1,766
進捗率		3.3%	16.4%	43.9%	66.3%	72.2%

基盤が拡充し，専門的かつ効率的な行財政運営が可能となったことから，県から市町への権限移譲は全国トップレベルにあり，住民サービスの向上が図られている。今後，専門性の高い事務が，より多くの市町に移譲されることになるので，引き続き，人材育成のための支援を積極的に行うこととしている。

(権限移譲の主な取組)

○ 旅券の申請受理及び交付
　一般旅券の申請受理及び交付の事務を平成19年6月から県内全市町で実施

○ 身体障害者手帳の交付
　政令市・中核市を除く県内21市町のうち平成21年度までに18市町に移譲

○ 町による福祉事務所の設置
　県内9町のうち平成21年度までに8町に設置

○ 建築確認事務の充実
　建築基準法に関する全ての事務が実施可能な特定行政庁への移行を促進

○ 道路の権限移譲
　地域内で完結する道路について道路法に基づく管理権限の移譲を促進

2.2 第二期地方分権改革の実現（第2段階）

　第一期地方分権改革は，国と地方の関係を上下主従の関係から，対等・協力の関係へと転換させることに力を注ぎ，上下主従関係を象徴する仕組みであった機関委任事務制度を全面的に廃止した。これにより，分権型社会への第一歩が踏み出されたが，その進展の度

合いは道半ばであった。

　真の地方分権改革は，住民に身近なサービスを，できるだけ身近な地方公共団体において，自主的かつ総合的に提供することを基本として行われるべきであり，この改革の実現が住民福祉の向上につながる。このような視点から，将来の道州制導入を視野に入れ，まずは，第二期地方分権改革を徹底して推進することとし，国と地方の役割分担の徹底した見直しや，これに見合う税財政基盤の確立など，実効性ある改革の実現に向けて，様々な機会を通じて，国への要請や活発な議論を展開している。

(1) 第二期地方分権改革の動向

　地方分権改革を総合的かつ計画的に推進するため，平成18年12月に「地方分権改革推進法」が成立し，平成19年4月から施行された。この法律に基づき，内閣府に「地方分権改革推進委員会」が設置され，平成21年度中に，新たな「地方分権一括法」を国会に提出することを目指して調査審議が進められており，内閣総理大臣に対して，平成20年度に第1次及び第2次勧告が行われた。平成21年度には，第3次勧告が行われ，これら勧告を踏まえて，政府において，「地方分権改革推進計画」が策定される予定である（表8）。

(2) **地方分権改革推進委員会の勧告に対する広島県の考え方**

　広島県では，地方分権改革を実現するため，地方分権改革推進委員会の第1次勧告の見直し内容及び第2次勧告の義務付け・枠付けの見直し内容を全面的に推進することが必要であると考えている。

　また，第2次勧告のうち国の出先機関の見直しについては，国の出先機関に権限を残したまま，地方振興局（仮称）などの総合出先機関を創出することが分権型社会の構築に資するのか，十分な議論が必要であると考えている。

表8　第二期地方分権改革の動向

	19年度	20年度	21年度
推進法	地方分権改革推進法 (平成18年12月成立，平成19年4月施行，3年間の時限立法)		
審議機関	地方分権改革推進委員会（平成19年4月，内閣府に設置）		
	19.5 基本的な考え方 / 19.11 中間的な取りまとめ	20.5 第1次勧告 / 20.8 国出先機関の見直しに関する中間報告 / 20.12 第2次勧告	21.10 第3次勧告 / 21.11 第4次勧告
政府	地方分権改革推進本部（平成19年5月設立）		21.11 地域主権戦略会議発足
		20.6 地方分権改革推進要綱（第1次）	21.12 地方分権改革推進計画策定
実行法			22.3 地域主権改革関連2法案の国会提出

第1次勧告（H20.5.28）

第1章　国と地方の役割分担の基本的な考え方

「地方政府」の確立は，自治行政権・自治立法権・自治財政権を有する「完全自治体」を目指す取組

国の役割

① 国際社会における国家としての存立に関わる事務
② 全国的に統一して定めることが望ましい国民の諸活動や地方自治に関する基本的な準則に関する事務
③ 全国的規模・視点で行う必要がある施策・事業の実施

地方の役割

住民に身近な行政は，できる限り地方自治体が実施

- 地域における事務は，基本的に基礎自治体が処理
- 市町村合併の進展状況を踏まえ，都道府県から市町村（特に「市」）への権限移譲を推進

第2章　重点行政分野の抜本的見直し

（1）　くらしづくり分野関係（主なもの）

【教育】

県費負担教職員の人事権を中核市に移譲するとともに，政令市も含めて，人事権と給与負担を一致させる。学級編制や教職員定数に係る決定方法の見直し

【福祉施設の最低基準等】【公営住宅】

保育所や老人福祉施設等の施設設備基準，公営住宅の入居者資格要件や設備基準について，国は標準を示すにとどめ，具体的な基準は地方自治体が条例で独自に決定

【保健所・児童相談所】

設置市の政令による指定手続等の見直し

（2）　まちづくり分野関係（主なもの）

【土地利用（開発・保全）】

農地転用許可，保安林に係る国の指定・解除権限を，国から都道府県に移譲

【道路】

直轄国道について，国が管理すべき区間を限定し，財源等の必要措置を講じたうえで都道府県に移管

【河川】

一の都道府県内で完結する一級河川の直轄区間について，国が管理すべき区間を限定し，財源等の必要措置を講じたうえで都道府県に移譲

第3章　基礎自治体への権限移譲と自由度の拡大

基礎自治体への権限移譲の推進～64法律359事務
（都市計画決定，まちづくり・土地利用規制，福祉，医療・保健・衛生，公害規制，教育，生活・安全，産業振興　等）

第2次勧告（H20.12.8）

第1章　義務付け・枠付けの見直しと条例制定権の拡大
「地方政府」の確立には，立法権の分権が不可欠。「義務付け・枠付け」の見直しこそが立法権の分権

> 見直し対象482法律10,057条項について，「義務付け・枠付けの存置を許容する場合や，残さざるを得ないと判断するもののメルクマール」による判断
> →　メルクマールに該当4,389条項（51.8％）
> →　非該当4,076条項（48.2％）

第2章　国の出先機関の見直しと地方の役割の拡大

・8府省15系統の出先機関の事務・権限約400事項のうち，116事項を廃止や地方への移譲を検討するものとして見直し
・これらの改革により，出先機関職員のうち合計35,000人程度の削減を目指すべき

〔例〕
　　地方厚生局，都道府県労働局～ブロック機関に集約し，両局を統合
　　経済産業局　　　　　　　　～地方振興局（仮称）に統合
　　地方農政局，地方整備局　　～地方振興局（仮称）又は地方工務局（仮称）に統合

> 【地方振興局(仮称)及び地方工務局(仮称)の設置のイメージ】
> 　府省を超えた総合的な出先機関として，内閣府の下に設置
> 【地域振興委員会(仮称)のイメージ】

総合的な出先機関の事務・権限の執行の監視・評価，地元意見反映の場として，管轄区域内の知事，政令市の市長，市長会・町村会の代表者で構成。出先機関にとっては，地域住民に対し説明責任を果たし，その理解・協力を得る場

(政府) 地方分権改革推進本部決定　出先機関改革に係る工程表 (H21.3.24)

政府は，この工程表に沿って具体的な検討を進め，平成21年中を目途に策定する「改革大綱」にその精査結果を盛り込む。
- 地方分権改革推進本部に「人材調整準備本部」を設置
- 事務・権限の見直し等は概ね3年程度の移行準備期間を設け，平成24年度からの実施を基本

第3次勧告 (H21.10.7)

第1章　義務付け・枠付けの見直しと条例制定権の拡大

3つの重点事項について具体的に講ずべき措置の方針（第2次勧告の整理が前提）

(a) 施設・公物設置管理の基準

地方自治体等が施設・公物を設置し，又は管理するに当たって，整備すべき施設等の総量，職員数，利用者資格等の義務付けを法令により規定しているものは，当該規定を廃止又は条例への委任

(b) 協議，同意，許可・認可・承認

県及び市町村が，国（都道府県）に対して行う協議等は，一定の類型に該当する場合に限って許容。いずれにも該当しない場合には廃止

(c) 計画等の策定及びその手続

地方自治体による計画等の策定及びその内容の義務付けについては，当該規定の廃止又は規定の「できる」規定化・努力義務

化・例示化等の措置を講ずる。(ただし、一定の類型に該当する場合は義務付けを許容)

第4次勧告（H21.11.9）

I 当面の課題
1. 地方交付税の総額の確保及び法定率の引き上げ
2. 直轄事業負担金制度の改革
3. 地方自治体への事務・権限の移譲と必要な財源等の確保
4. 国庫補助負担金の一括交付金化に関しての留意点
5. 自動車関係諸税の暫定税率の見直しに際しての留意点
6. 国と地方の事実上の協議の早急な開始

II 中長期の課題
地方税制改革，国庫補助負担金の整理，地方交付税，地方債，財政規律の確保

（政府）地方分権改革推進計画策定（H21.12.15）

第1 義務付け・枠付けの見直しと条例制定権の拡大
地方分権改革推進委員会の第3次勧告を尊重し，地方自治体から要望のあった事項を中心に，「施設・公物設置管理の基準の見直し」「協議，同意，許可，認可，承認の見直し」「計画等の策定及びその手続の見直し」「その他の義務付け・枠付けの見直し」に掲げる事項について必要な法制上その他の措置を講ずる。

第2 国と地方の協議の場の法制化
国と地方の協議の場については，法制化に向けて，地方とも連携・協議しつつ，政府内で検討し成案を得て法案を提出する。

第3 今後の地域主権改革の推進体制
・本計画は，当内閣の地域主権改革の第一弾である。
・今後は，内閣総理大臣を議長とする地域主権戦略会議（平成21年11月17日閣議決定）を中心に，地域主権改革の推進に資する諸課題について更に検討・具現化し，改革の実現に向けた工程

を明らかにした上で，スピード感をもって改革を実行に移すものとする。
・同会議については，内閣を助ける明確な権限と責任とを備えた体制とすることにより，地域主権改革をより一層政治主導の下で推進していくため，必要な法制上その他の措置を講ずる。

(3) 第二期地方分権改革の推進に関する広島県の提案

広島県では，各地域が自らの創意工夫と責任により，地域の特性を活かした活力ある地域づくりを行うために，地方が自主的・自立的に事業を推進することができるよう，制度政策に関する提案を行っている。第二期地方分権改革の推進に関する提案は次のとおりである。

ア 新たな「地方分権改革一括法」に向けた国と地方の役割分担の見直し

地方の権限と責任を大幅に拡充し，基礎自治体と広域自治体がそれぞれの役割分担に応じて自主的・自立的な行財政運営を行えるよう，地方分権改革推進法に定める地方分権の理念に沿った国と地方の役割分担の見直しに大胆に取り組むこと。

イ 国から地方への事務・事業，権限の移譲等

市町村合併により規模・能力の拡大した基礎自治体においては，住民に身近な行政サービスや，まちづくりに密接に関連する都市計画，土地利用などの事務事業を自ら実施できるよう，また，都道府県においては，高度なインフラ整備や経済活動の活性化など広域自治体としての役割にふさわしい事務事業を自ら実施できるよう，法令上の実施主体や設置基準などの制度の見直しや事務事業の分担関係の適正化を行い，事務事業の移譲を図ること。

特に，地方分権改革推進委員会の「第1次勧告」で示された国道

及び一級河川の管理権限，職業安定業務及び中小・ベンチャー企業への育成支援業務の移管については，勧告の考え方に沿って，財源等に関して必要な措置を講じた上で，都道府県への移管を実現すること。

　ウ　国の義務付け・関与の廃止・縮小

　基礎自治体が，保健福祉サービスや地域における土地利用・産業施策・生活環境の整備等を自主的・自己完結的に実施するための都道府県から基礎自治体に対する速やかな事務事業の移譲など，自治事務に対する法令等による国の義務付け・関与の原則廃止又は縮小などについて抜本的な見直しを行うこと。

　とりわけ，第2次勧告で，国の過剰な義務付け・枠付け等関与の見直しの方向性が示され，国の関与を存置するメルクマールに該当しないと判断された，約4千の法律条項について，関連する政省令も含め，地方公共団体の自主性を強化する観点から，原則，廃止を基本に，少なくとも条例による上書き権の拡大を認める方向で，見直しを進めること。

　エ　条例による法令の上書き権等自治立法権の充実

　地方自治体の自主性を強化し自治事務の自由度を拡大するために，国による義務付けや枠付けの見直しが必要であり，少なくとも省令・通達等による義務付け等については原則として廃止することとし，義務付け等を残す場合においても，地方自治体による法令の「上書き」（条例による補正の許容の見直し）を確保すること。

　オ　国と地方の役割分担の見直しに応じた国の出先機関の抜本的な見直し

　国と地方の役割分担の見直しに沿った，国から地方への事務・権限の移譲，国の義務付けや関与の廃止・縮小及び国庫補助負担金の

削減などを積極的に進めるとともに，あわせて，関係する国の出先機関の廃止・縮小を行い，国と地方の二重行政を解消し，国・地方を通じた行政の簡素化を推進すること。

政府が決定した「出先機関改革に係る工程表」では，地方農政局や地方整備局などを府省を超えた総合出先機関（地方振興局・地方工務局）として再編・統合することなどが示された第2次勧告の改革の方向性に沿って検討することとされているが，国と地方の抜本的な役割分担の見直しが行われずに，国の地方機関に権限を残したまま，強大な総合出先機関を創出することが，真の分権型社会の構築に資するのか懸念しており，今後，十分な議論が必要である。

カ 国と地方の役割分担の見直しに応じた財政運営が可能となる自治財政権の確立

国と地方の役割分担の見直しに伴い，地方自治体がその役割を全うするために必要となる税財源を確保し，自主的・自立的な行政運営を可能とする自治財政権を確立すること。

キ 国庫補助負担金及び直轄事業負担金の廃止・縮減

国庫補助負担金及び直轄事業負担金の廃止・縮減は，国と地方の役割分担の見直し，国から地方への権限移譲の推進，国の関与の廃止・縮小の視点から，税財源移譲と一体的に行うこと。とりわけ，維持管理に係る直轄事業負担金については，本来，管理主体である国が負担すべきであることから，これを早急に廃止すること。

ク 自治財政権の確立

国と地方の役割分担の見直しに伴い，地方自治体がその役割を全うするために必要となる税財源を確保し，自主的・自立的な行政運営を可能とする自治財政権を確立すること。

2.3 自治的道州制の実現（第3段階）

道州制は，これまでの中央集権の仕組みを改め，内政全般を地方に委ねることを基本として，国と地方を通じた政治・行政全般に関わる仕組みを再構築しようとするものである。住民に最も身近な行政は基礎自治体が自主的かつ総合的に提供し，現在の都道府県を廃止し，新たな広域自治体として設置する道州はより広域的な行政を担うものである。こうした道州制が，地方分権の究極の姿であると考えている。このため，国・道州・基礎自治体の役割分担や道州が担う役割にふさわしい税財政制度のあり方などについて，更なる検討を進めるとともに，国民的な議論を喚起することが重要であり，県民をはじめ，関係県や経済界などと十分に議論しながら，将来の道州制導入に向けて，着実な取組を進めている。

(1) 道州制に関する検討の動向

広島県では，平成16年11月に策定した「分権改革推進計画」により，全国に先駆けて道州制導入の必要性を整理したところである。

国においては，平成18年2月の第28次地方制度調査会答申の中で，初めて道州制の導入が明記されたことを受けて，平成19年1月に，道州制担当大臣の下に道州制ビジョン懇談会を設置し検討を行っている。平成20年3月に取りまとめられた中間報告では，「おおむね10年後（平成30年度まで）に道州制の導入を目指す」としている。

(2) 道州制に関する広島県の考え方

地域自らが地域の個性を発揮する個性豊かで活力ある地域社会の創造，広域的な行政需要への迅速かつ的確な対応，また，国と地方の二重行政の解消による行政運営の一層の総合化・効率化などの観点から，国の出先機関や都道府県に代わる新たな広域自治体の姿と

して，「できるだけ早期に自治的道州制を目指すべき」であるとしている。道州制に関する広島県の考え方のうち主なものは次のとおりである。

　ア　道州制導入の意義と目的

　道州制の導入に伴い，国の役割は真に国が果たすべきものに重点化し，その多くの権限を地方に移譲することで，より広域的な施策を民主的かつ総合的に展開できることから，分権型社会にふさわしい自立性の高い圏域を形成することができる。また，国と県の重複行政の解消や行政コストの削減にもつながる。

　イ　国・道州・基礎自治体の役割分担（図4）

　現行の地方自治法に定められている国の役割のうち，全国的な規模・視点に立って行わなければならない施策及び事業の実施については，限定された一部に縮小すべきである。

　道州は基礎自治体を包括する広域自治体として，広域の圏域における戦略的な行政を展開し，広域的な社会資本整備，交通・運輸，産業，雇用，防災，国土保全，環境政策など，より広域的かつ専門性が高い業務を担うことが求められる。

　基礎自治体には，現在の国・県の事務権限のうち，基礎自治体が担うことがふさわしい事務事業の移譲・移管を推進する。

　ウ　道州制の区域のあり方

　道州制の区域については，歴史的・地理的，文化的な諸条件や現行の政治・行政的なつながり，企業活動等の経済的なつながり，人口移動等の社会的なつながりなどを勘案し判断すべきである。こうした観点からみると，現時点では，一体的な圏域として捉えることができる中国ブロックを一つの単位とした区域が適当と考えられる。

図4 国・道州・基礎自治体の役割分担のイメージ

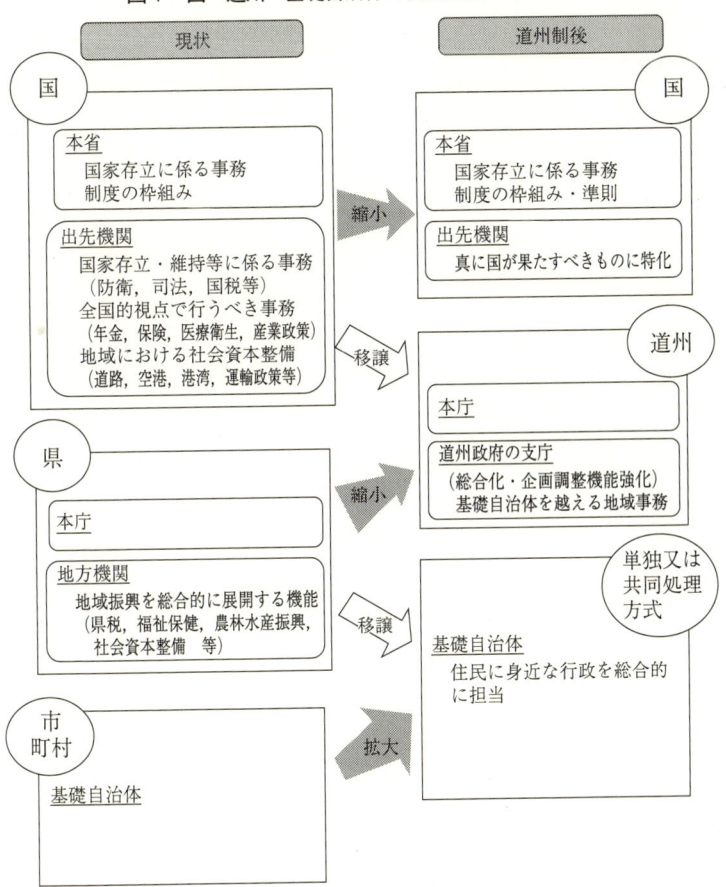

現状

- **国**
  - 本省
    - 国家存立に係る事務
    - 制度の枠組み
  - 出先機関
    - 国家存立・維持等に係る事務（防衛，司法，国税等）
    - 全国的視点で行うべき事務（年金，保険，医療衛生，産業政策）
    - 地域における社会資本整備（道路，空港，港湾，運輸政策等）

- **県**
  - 本庁
  - 地方機関
    - 地域振興を総合的に展開する機能（県税，福祉保健，農林水産振興，社会資本整備　等）

- **市町村**
  - 基礎自治体

道州制後

- **国**
  - 本省
    - 国家存立に係る事務
    - 制度の枠組み・準則
  - 出先機関
    - 真に国が果たすべきものに特化
  （縮小）

- **道州**
  - 本庁
  - 道州政府の支庁（総合化・企画調整機能強化）
  - 基礎自治体を越える地域事務
  （移譲）

- **基礎自治体**（単独又は共同処理方式）
  - 住民に身近な行政を総合的に担当
  （拡大）

エ　道州制における税財政制度のあり方

　国，道州，基礎自治体の役割分担を踏まえ，自主性の高い道州制を実現する観点から，自主財源である地方税を大幅に拡充すること

を基本とした税財政制度を構築することが不可欠である。

内政の大半を担うこととなる道州や基礎自治体の税財源を確立するためには，大幅な税源を国から地方へ移転することが必要となることから，現行の国税と地方税の税目や課税権のあり方など抜本的な改革が求められる。

例えば，一つの目安として，主要税目である所得税，法人税，消費税などについては，ドイツのように共同税化し，道州に徴税を一元化した上で，国と地方とで配分を決定する仕組みを導入することも検討されるべきである。

道州制における新たな財政調整制度のあり方については，これまでのように国からの垂直的な財政調整制度とすべきか，あるいは，道州間での水平的な財政調整制度を基本とした仕組みとすべきか，大別して二つの考え方があることから，こうした財政調整制度の仕組みについて，諸外国の税財政制度も参考に幅広く検討を進めていく必要がある。

(3) 道州制導入に向けた広島県の取組

ア 自立した地域ブロック形成に向けた取組

道州制に向け，中国ブロックが国際競争力のある自立した経済圏として一体的に発展していくためには，ブロック内の自治体や経済界が共通する課題について，認識を共有し，連携した取組を進めていくことは重要であると考えている。このため，中国地方知事会において広域連携事業を進める（表9）とともに，「中国地域発展推進会議」や「中国圏広域地方計画協議会」における取組を進めている。

（中国地域発展推進会議における取組）

平成20年11月に，経済界からの提案で，中国5県の経済界の代表

表9 中国地方知事会における取組

連携項目	平成20年度の検討状況
広域自治体のあり方に関する調査研究	国からの権限移譲や地方税財政制度のあり方などについて、報告書の取りまとめ
公設試験研究機関における役割分担	環境保健系、農林水産系、畜産系、工業系の各分野において、情報交換や共同研究 例）有機フッ素化合物の環境汚染実態と排出源についての共同研究、煙霧（大陸からの越境汚染等）に関する広域調査
県立大学の連携	設置者の枠にとらわれない近隣の大学間の連携等を検討
情報通信システムの共同化	情報システムの共同化に向け、各研究テーマに沿った協議
DV対策の連携	DV防止法改正に伴う市町村への働きかけなど、関連事業に係る情報交換
子育て応援パスポート事業の広域事業展開	各県とも事業がスタートしており、実施方法が似通っている県間での広域連携に向けた協議を実施 例）島根・鳥取県間でパスポートの有効期限延長を併せることを検討
中山間地域等の医師確保対策等の検討	各県の医師不足状況や各県の医師確保対策の取組などについて情報交換

と5県知事をメンバーとして、地域経済の活性化に資する施策について協議し、実践的に取り組むことを目的とする「中国地域発展推進会議」を設立。

「広域観光」についての検討部会（部会長：広島県観光課長）を設置し、広域観光ルートの形成やプロモーション活動などについて検討している。

(中国圏広域地方計画協議会における取組)

平成20年7月に閣議決定された国土形成計画の全国計画を踏まえ，平成20年8月に，中国5県，政令指定都市，経済界，国の関係機関等で構成する「中国圏広域地方計画協議会」（会長：広島県知事）を設置。

中国圏の将来像等を描いた『中国圏広域地方計画』を作成し，15のプロジェクトを一体となって推進することとしている。

イ　道州制に向けた住民説明，機運の醸成

県民や経済界及び行政関係者など，国民的な議論を喚起するため，パンフレットの作成及びシンポジウム等を開催

- 「道州制シンポジウム」の開催（平成17年度〜計4回）延べ2,000人参加
- 「地方分権懇話会」の開催（平成18年度〜計11回）延べ2,400人参加
- パンフレットの作成や県広報誌を通じて県民に情報発信

3　おわりに

広島県は，地方分権の先進県として，第二期地方分権改革に全力で取り組み，現行の都道府県制度の下での分権改革の実現に向けて最大限の努力を続ける。その努力が，広島県が目指す「真の分権型社会」の究極的な姿である自治的道州制への第一歩となると考えている。

また，地方分権の推進により，地方自治体は，自主性をもって，自らの判断と責任において行政を運営しなければならない。したがって，高度な行政的判断や説明責任など，より効果的・効率的かつ透明性の高い行政運営が求められることになるであろう。

「真の分権型社会」の実現に向けた取組には多くの困難を伴うが，県内外の自治体などと協力し，県民の皆様とも議論をしながら，分権改革の歩みを刻んでいきたい。

執筆者紹介

川﨑信文（かわさき のぶふみ）　社会科学研究科教授（行政学）

牧野雅彦（まきの まさひこ）　社会科学研究科教授（政治思想史）

山田園子（やまだ そのこ）　社会科学研究科教授（政治思想史）

佐伯祐二（さえき ゆうじ）　同志社大学司法研究科教授（行政法）

吉田　修（よしだ おさむ）　社会科学研究科教授（アジア政治）

前田直樹（まえだ なおき）　社会科学研究科講師（国際政治史）

森邊成一（もりべ せいいち）　社会科学研究科教授（日本政治史）

伊藤敏安（いとう としやす）　社会科学研究科附属地域経済シス
　　　　　　　　　　　　　　　テム研究センター教授
　　　　　　　　　　　　　　　　（地域経済学，地域産業論）

平川佳実（ひらかわ よしみ）　広島県庁総務局分権改革課　主任企画員

（執筆順・現職）

広島大学公開講座
道州制―世界に学ぶ国のかたち

2010年9月10日　初版第1刷発行

編著者	川﨑　信文
	森邊　成一

発行者　阿部　耕一

〒162-0041　東京都新宿区早稲田鶴巻町514番地
発行所　株式会社　成文堂
電話　03(3203)9201(代)　Fax 03(3203)9206
http://www.seibundoh.co.jp

製版・印刷　㈱シナノ　　　製本　弘伸製本
☆乱丁・落丁本はおとりかえいたします☆　検印省略
© 2010　川﨑，森邊　　　　　　Printed in Japan
ISBN978-4-7923-3272-3 C3031
定価（本体2800円＋税）

広島大学公開講座

高齢社会論	渡辺満・小谷朋弘／編著
	46判342頁/価2,500円
現代民事法改革の動向	高橋弘・後藤紀一 辻秀典・紺谷浩司／編著
	46判388頁/価2,800円
現代民事法改革の動向Ⅱ	高橋弘・後藤紀一 辻秀典・田邊誠／編著
	46判298頁/価2,500円
高齢社会を生きる	小谷朋弘・江頭大蔵／編著
	46判248頁/価2,500円
現代民事法改革の動向Ⅲ	鳥谷部茂・片木晴彦 三井正信・田邊誠／編著
	46判390頁/価3,000円
道州制―世界に学ぶ国のかたち	川﨑信文・森邊成一／編著
	46判256頁/価2,800円
(1995年広島大学法学部主催 シンポジウム記録) 『国民の司法参加と司法改革』 書誌的事項	甲斐克則・紺谷浩司／編
	46判240頁/価1,800円

（定価は本体価格）